本书受到国家自然科学基金地区项目"宁夏快速城镇空间生产协同治理研究（NO.41561036）"的资助。

经管文库 · 管理类

前沿 · 学术 · 经典

空间生产理论视域下
嵌入型社区协同治理研究

Research on collaborative governance of embedded
communities from the perspective of space
production theory

李　静　赵　茹　温昕玉　著

经济管理出版社

ECONOMY & MANAGEMENT PUBLISHING HOUSE

图书在版编目（CIP）数据

空间生产理论视域下嵌入型社区协同治理研究 / 李静，赵茹，温昕玉著 .
—北京：经济管理出版社，2022.9
ISBN 978-7-5096-8721-5

Ⅰ.①空… Ⅱ.①李…②赵…③温… Ⅲ.①社区管理—研究—中国 Ⅳ.①D669.3

中国版本图书馆 CIP 数据核字（2022）第 177529 号

组稿编辑：杨国强
责任编辑：杨国强
责任印制：许　艳
责任校对：王淑卿

出版发行：经济管理出版社
　　　　　（北京市海淀区北蜂窝 8 号中雅大厦 A 座 11 层 100038）
网　　址：www.E-mp.com.cn
电　　话：（010）51915602
印　　刷：唐山玺诚印务有限公司
经　　销：新华书店
开　　本：720 mm × 1000 mm/16
印　　张：13.75
字　　数：203 千字
版　　次：2022 年 12 月第 1 版　2022 年 12 月第 1 次印刷
书　　号：ISBN 978-7-5096-8721-5
定　　价：98.00 元

目　录

第一章 绪 论

第一节 研究背景及问题的提出

一、我国城镇化发展进程具有鲜明的政府主导特征

城镇化是人类生产与生活方式由农村型向城市型转化的历史过程，主要表现为农村人口转化为城市人口以及城市不断发展完善的过程，具体包括四个层面的转化过程：一是人口向城镇集中的过程，即城镇人口占总人口的比重不断提高；二是产业转换提升的过程，即非农产业整个产业结构的比重不断提升；三是城镇化的生活方式不断发展、蔓延；四是城镇化的地域景观不断从城镇向周边乡村腹地辐射推进。

城镇化发展的进程有快有慢，中国自改革开放以来，城镇化发展进入稳步增长阶段，特别是进入 21 世纪以后，中国城镇化进入了稳定快速的发展阶段，年均提高城镇化率都在 1 个百分点以上。那么，是什么力量在推动城镇化发展不断向前？为什么不同国家不同阶段的城镇化发展表现出或快或慢不同的推进速度呢？这背后是城镇化的动力机制问题。

有关城镇化发展的动力问题，从世界各国城镇化的经验看，城镇化的动力大致可以分为三种：政府动力、市场动力和民间社会动力。学术界比较一致的观点是，我国的城镇化发展具有鲜明的政府主导特征，即推动我国城镇化发展的动力机制主要是政府动力，这是我国城镇化与欧美国家最

主要的区别。所谓政府主导，是从中央到地方的各级党政机关的相应部门对于城镇、城市的设置、规划、建设选址、土地使用、土地功能的改变、规划许可证、工程许可证、基础设施的建设、改造拆迁等事务有着严格的审批和直接决定的权力。

1949年以来，我国的城镇化发展表现出很强的国家主导特征。1949~1957年，在"重点建设，稳步前进"的城市建设方针下，内地城市在重点项目的带动下开始快速发展；1966~1976年，在"备战、备荒，为人民"的战略部署下，"三线"城市建设进入高潮；1977年以来，随着改革开放的深化，以经济特区和经济开发区为龙头的沿海地区的城镇化得到快速推进。改革开放以来，随着我国把城镇化纳入国家战略，政府主导的特征更为突出。在城镇体系设置上，国家大规模增设市，1984~1996年，城市数量从289个增加至666个，建制镇从2786个增加到17998个。而且，大中小城市体系的设置具有很强的政治特征，经济中心往往和政治中心合一。开发区大规模的建设、新城的设置、大规模的城市改造都由政府直接运作，也包括投资和资金的运作。虽然不同的发展阶段，国家会根据当时社会经济发展的宏观背景，对城镇化发展战略做出调整，但总体来讲，我国城镇化发展的国家主导特征非常明显，政府部门不但是城镇化发展方针、政策和规划的制定者，还是执行者，更是监督者，在实施过程中有各级政府和政府相关部门的措施予以配合。

二、快速城镇化的进程催生了大量动迁居民和动迁安置社区

社会主义市场经济体制的确立以及工业化的发展，为我国城镇化进程注入了强劲的动力。城镇空间向外迅速扩张，并表现为在对外扩展或内部更新提升两个维度，推动了中国大规模的城市空间重组与更新，城镇空间的快速扩张。遍布中国各地以大规模、超强度、高标准建设的新区以及更新改造的内城，成为社会经济高速发展的重要空间载体。2000~2010年，我国各级城市市辖区的面积急剧扩张，城市人均占地

已经达到110~130平方米，这个水平已经达到了人均耕地数倍于我国的欧美发达国家的水平（陆大道，2007）。在城市的外延扩张及城市内部有机更新的过程中，由于土地公有，政府能够大规模地征地、拆迁，并且通过大型项目的建设，统一规划、国家投资，出现了大规模的征收房屋拆迁和补偿安置，并由此产生了一定规模的动迁居民。为保障拆迁户安居乐业，一种途径是政府部门通过货币补偿的方式让失地农民自行购买商品住房；另一种途径是政府部门通过规划建设大量动迁安置社区来统一集中安置动迁居民，从而在城镇周边地区或内城形成了大量动迁安置社区。

三、动迁安置社区的物质空间生产呈现不相协同的状态

在快速城镇化进程的推动下，我国各地城市的物质建设取得了重大成就，城市经济、人口和空间规模都呈现出高速增长的态势，城镇化进程对城市空间进行重组和更新的同时，也积累了诸多复杂的空间和社会问题。从城市整体层面看，从某种意义上讲，这一时期的城镇化对城市空间塑造更多的是将城市空间作为纯粹的"商品"出售，抹杀了空间的公益性，重物质形态而轻社会空间再造，重视"国家化范式"而忽视地域历史独特性和文化多样性，趋同性的城市空间形象消解了市民的认同感和归属感，进一步引发了城市空间资源。

另外，从社区层面来看，被动迁居嵌入型社区的设置，已不单纯是安置居民居住环境的显性物理空间的构建，同时也是以各类社会关系为内涵的隐性社会空间的营造，其空间生产与整个城市的空间发展进程深刻关联。就我国目前来看，这类动迁安置社区的空间生产仍处于物质空间生产为主的阶段，社会空间生产相对滞后，造成物质空间与社会空间错位或非协同的状态日渐凸显。

第二节　国内外相关研究进展综述

一、国内外关于城市空间形态和空间结构变化的相关研究

（一）国外城市空间形态和空间结构变化的相关研究

从国外研究的发展动态看，进入 20 世纪 90 年代以来，西方学者对城市结构与形态的研究开始向区域化、信息网络化发展，同时强调自然、空间与人类融合的结构演化。

针对城市扩张带来的空间发展压力，以及信息化技术的影响，Mitchell（1996）提出了网络城市（Network City）、连线城市（Wired City）、电子时代城市（City in the Electronic Age）、信息城市（Information City）、知识城市（Knowledge-based City）、智能城市（Intelligent City）、虚拟城市（Invisible City）、远程城市（Tele-city）、比特之城（City of Bits）等。

Knox 和 Pinch（2000）研究了洛杉矶城市空间的演变历程，发现后工业城市在形态上更为碎片化，在结构上更为混乱，出现了城市扩展明显"分裂"的特征。

Camagni 等（2002）提出了填充（Infilling）、外延（Extension）、沿交通线扩展（Linear Development）、蔓延（Sprawl）和"卫星城"式（Large-Scale Projects）5 种城市扩展模式。

Castell 和 Cardoso（2005）对世界城市体系空间结构中"流"、连接、网络和节点进行了研究；在城市空间格局和演化过程方面，采用元胞自动机模型（CA）、多智能体模型（MAS）等智能化的城市空间模拟和预测方法，进行了系列的实证研究。

Loibl 和 Toetzer（2003）提出了模拟郊区系统多中心发展的 MAS 模型，模拟了在区域和地方多因素吸引 / 约束下的郊区人口迁移及商业的形成。

现代大城市扩张的加快，使空间的发展经受着重大压力，在这种情况下出现了精明增长（Smart Growth）（Dowling et al.，2000）、紧凑城市

（Compact City）（Jumba and Dragiterir.，2012；Nuissl and Siedentop，2013）等城市空间形态。

于英（2009）对国外不同国家的城市空间形态类型进行归纳总结，认为：欧洲注重景观和几何形态特征；日本关注城市地域结构的分析；美国则较多地注意社会、商业、服务业和工业分布的区位特征，以及政治和文化异质性所产生的社会分异现象在城市空间结构形态中的具体表现。

在城市更新方面，国外早期的城市更新是以政府为主导的，是以房地产开发为主的城市更新，由于当地居民参与环节和途径的有限性，造成其在更新中利益空间的损失（Mee，2002；Fernando，2007）。

近年来的城市更新案例开始侧重对社会动员、居民自建和社区参与式重建、邻里更新的关注（Durose and Lowndes，2010）。

Rossi（2004）强调，利用社会资源的再合理分配可以减少弱势群体的边缘化差距，提倡发挥多元民间力量，肯定社会网络在促进城市融合中的积极作用，利用多元城市主义理论，分析城市各利益阶层在自上而下及自下而上更新中的权力分配。

（二）国内城市空间结构的相关研究

近年来，快速城镇化及经济转型背景下的我国城市空间结构形态日益丰富复杂，引起了学者的普遍重视。对此，学者的研究主要集中在快速城镇化背景下城市空间扩展和内部更新重构等方面。

方创琳和马海涛（2013）系统地阐释了新型城镇化背景下中国新区建设以及新一轮新区建设热引发的土地资源浪费等问题，分析中国城市新区建设的现状及其与土地集约利用的矛盾关系，提出了新区开发与土地集约利用的对策。

许慧和肖大威（2013）对深圳快速城市化阶段郊区茅洲河流域城镇空间演变机制的研究，揭示了经济发展是城市化的内生动力，宏观政策调控是外在动力，规划控制和引导则是发展引力。

张淑敏和张宝雷（2013）以山东济南4个地区的遥感解译数据为基础，

分析城市用地扩展变化，并构建城市用地的效益评价模型对济南城市扩展过程中的用地效益变化进行了定量评价。

周春山和叶昌东（2013）以全国 52 个特大城市为样本，利用各城市1990~2008 年影像图、土地利用现状图等数据，运用空间计量、拓扑结构图示等方法对城市空间增长特征进行了分析，揭示出 1990 年以来中国特大城市空间在规模增长上表现出增长速度快且按人口规模等级顺序依次变缓，在要素增长上表现出新型化、多样化变化，在结构增长上出现带状化、多中心化转变，在形态增长上呈分散化、破碎化变化，城市空间增长方式以轴向式和跳跃式为主导，特别是 2000 年以来这种变化更加明显。工业化进入中高级阶段之后的快速经济增长、快速城市化以及政府 GDP 导向的政绩观是导致城市空间增长产生上述变化的主要原因。

城市更新与改造方面的研究。例如，严若谷、周素红和闫小培（2011）从地理学视角总结了城市更新的研究范围、领域及特点，论述了城市更新的形成机制、更新政策、更新模式、更新手段和方法以及更新参与主体和更新后的效果。

陈浩和张京祥（2010）认为，空间再开发已成为城市空间政治博弈的焦点，基于"政府、经济精英、市民与城市规划"的政治经济分析框架，解释了城市转型过程中政治博弈权力分配不均衡导致的空间再开发过程中利益分配的不均等问题。

姜文锦等（2011）运用空间生产理论，以上海新天地为例总结了旧城改造的空间生产过程，分析认为旧城改造过程由动机、行为和结果构成，政府、开发商和居民三方都有对旧城进行改造的动机，其中，政府和开发商占据决策和行为的主导地位。

胡毅（2013）从空间生产理论视角出发，以南京老城南地区的南捕厅为实证案例，揭示内城住区更新中参与主体生产关系的改变。实证表明，伴随着资本对城市建设领域的作用和控制，内城住区更新的参与主体，包括地方政府、开发企业、居民和住区空间本身的生产关系及角色都发生了转变，以适应新的资本生产方式。

二、空间生产理论视角下城市空间的相关研究

（一）国外空间生产理论的提出以及相关研究进展

在国外，"空间生产"最早由列斐伏尔（Henri Lefebvre）提出，后经哈维（David Harvey）、索亚（Soja）等发展集成了"空间生产理论"，该理论突破传统的空间被看作是僵死的、刻板的、非辩证的和静止的观点，开始转向对空间和社会性的强调及关注，深刻地剖析了社会 – 空间相互构建的本质，即社会关系形成社会空间、社会关系受限于社会空间、社会空间调解社会关系——二者间表现出既互为前提又互为结果的辩证关系（Lefebvre，1991；Harvey，1973；Soja，1980）。空间生产理论及其衍生的"城市空间的社会生产"理论已成为西方城市地理学和城市社会（地理）学的重要理论基础，其成果也较为丰富，但实证研究相对迟滞，大量的研究出现在21世纪。近年的研究开始由城市宏观层面向社区等微观尺度聚焦，研究方法以质性分析为主。

Ehrenfeucht（2007）介绍了20世纪末21世纪初洛杉矶市政府和社区居民对人行道社会空间的构建过程，讨论了人行道的空间供给、居民的义务和责任、商业和演讲等社会活动的管理等问题。

Terry（2009）比较了中国和越南的城市化进程，认为采用计划经济和市场经济相结合的政治经济体制是城市空间生产的主要推力。Richard（2008）探讨了伦敦、纽约和多伦多现代城市化的过程，从历史地理学家的视角揭示了现代大都市空间的生产和表现形式。

Thomas（2011）通过分析欧洲一个著名滨水区发展和新城规划项目与城市空间风格复杂多样性的冲突，认为城市风格的独特性正逐渐消逝。

Michaele（2009）以曼彻斯特利物浦路火车站的空间再生产为例，探讨了社会公共空间的利益冲突和空间再生产进程。

Aliekber 和 Bediz（2011）从空间生产的视角探讨了伊斯坦布尔梅尔辛

新旧移民社区产生种族隔离、社会紧张问题的原因。

Kazi（2011）探讨了破碎化的孟加拉国首都达卡的日常生活空间组织形式。

Jeroen等（2013）基于凯恩斯主义对巴西城镇空间生产的重组和调整进行了相关研究。

（二）国内的城市空间生产的相关研究进展

在国内，随着国外相关研究范式的引入，尤其在我国城镇化快速发展的背景下，结合不同地域对城市空间生产进行研究的成果大量出现。近年来，空间生产理论的引入对城市地理学研究范式的转换产生了重要的意义，学者们开始更多地关注诸如空间正义等问题（顾朝林等，2008）。国内学者对基于空间生产的理论背景、主要观点及国内外研究状况进行总结评述，并探讨其在中国城市研究中的可能性与有效性，以供研究者借鉴，给国内学术界提供了一个关于空间生产理论的总体"概览"（叶超等，2011）。

王素萍（2013）对空间生产理论中国本土化进行了研究和回答，认为中国城市发展现状的"问题"是空间生产中国本土化研究的逻辑起点，马克思主义范式是空间生产中国本土化研究的视域，研究的路径是空间生产中国本土化的"空间正义"探求。

空间生产理论的引入对中国城市地理学研究范式的转换产生了重要的影响，并更多地强调了"空间正义"以及"人是目的"的空间生产的价值原点（王素萍，2013；庄友刚和顾晓，2012；李兰芬，2011）。

张品（2010）认为，空间生产理论揭示了西方资本运作下城市的发展过程，阐述了西方城市空间生产的方式、作用以及空间生产背后的社会、政治、经济动因，对我国市场经济背景下的城市建设具有巨大的借鉴意义。

三、城市空间中特定功能类型区空间生产的研究

城市空间中有不同的功能类型区，从空间生产的角度对其进行研究是近年来国内外学术界的热点。在国内，"城中村"和城乡接合部是快速城镇

化下形成的特殊的空间类型区，从空间生产的角度对其经济基础、属性特征、类型、发展过程、发展模式和治理机制以及空间生产的历史变迁、社会关系的再生产等方面的研究已形成了诸多成果（马学广，2010；张京祥等，2014）。

也有一些学者选择利用"城中村"内的点状要素来探讨其空间生产的作用机制。例如，刘云刚和王丰龙（2011）通过对广州 M 垃圾猪场的案例研究，探讨了制度结构和社会行动等要素对城乡接合部空间生产的综合作用，并展示了一个由农村进城移民所发起的"弱"空间生产案例。

罗筠（2012）通过对 Y 市 W 城乡接合部地沟油生产的空间——这一社会现象的分析，探讨了城市暗角形成中的制度结构和社会行动等宏观要素，并展示了一个由进城农民所发起的"弱"空间生产过程。

此外，有学者从城市规划的角度进行了研究，宋伟轩、朱喜钢和吴启焰（2009）将空间生产理论引入我国城市滨水空间开发的探讨中，认为我国城市滨水空间私有化问题严重，并以南京为例作实证分析，倡导建立城市规划白线制度。

王苑和邓峰（2009）以苏州山塘历史街区为例，分析了街区更新前后社会结构以及空间类型的变迁过程，认为这一过程在消解了街区原有传统社会关系的同时，构建了另一种开放的社会结构体系，由此产生新的空间生产需求并反映在空间景观的改造中。

马学广（2010）研究分析了"单位制"空间生产的政治经济基础和基本特点，指出在新的政治经济背景下，"单位制"空间生产方式的效率相对低下、空间的"使用价值"与"交换价值"背离会导致空间冲突锐化、"空间公平"等问题，进而指出城市空间生产方式由封闭式的"单位制"向开放式的"社区制"转型的趋向。

四、物质空间生产和社会空间生产相互关系方面的研究

城市空间是物质空间与社会空间的统一体，城市空间结构研究应加强

城市"物质空间与社会空间耦合"视角的研究（李诚固，2009）。近年来，从空间生产理论的视角，对城市物质空间和社会空间的相互关系的研究日益增多，学者们开始更多地关注空间公平问题，对空间生产的研究由物质空间的构建为主转向物质空间与社会空间的协同。

庄友刚和顾晓（2011）认为，人存在的空间不仅有自然物理空间，还有社会空间。人的生存空间是人在自身的实践活动中生产、创造出来的，空间生产应包括物理空间生产和社会空间生产两种类型。

实现城市建设从技术建构到社会建构的转换成为当代中国城市化发展的必然历史抉择。

刘珊等（2013）认为，空间生产不仅是空间产品的创造，同时也是相应社会关系的再造，通过回顾城市空间的研究，进一步明晰了城市空间生产内涵，分析了城市空间生产的动力以及城市由空间生产向关系生产的转变趋势，强调城市从空间生产到关系生产的范式对城市规划有重要的意义。

五、城镇化进程中产生的各类被动迁居嵌入型社区治理的相关研究

被动迁居嵌入型社区按其动迁缘由可以划分为因征地动迁的农民安置型社区、因旧城大规模改造更新动迁的居民安置社区以及少部分生态移民动迁安置社区，这三类以政府强势主导的、大规模的、集中化的动迁安置模式应该是伴随我国西部地区快速城市化进程的产物，国外学者涉及较少，下面主要评述国内学术界对这方面的相关研究。

在政府推动下的快速城镇化进程中，被动迁居型人群由政府统一安置而形成的新型社区成为近些年来学者们持续关注的研究热点，他们从各自的学科视角和研究领域对此类社区的形成机制、存在问题、治理模式或转型模式等方面进行了研究。尽管各类研究对此类社区的命名不尽相同，包括"农转非"社区（严敏，2009）、安置社区（王志丹，2014）、过渡性社区（张晨，2011）、农转城社区（吴思等，2012）、转型社区（康之国，

2014）和被动式动迁居民社区（夏永久、朱喜钢，2013），但从其研究的内容实质看，都是单行研究其中一种，即要么是安置征地开发的被动迁居嵌入型社区，要么是安置旧城改造拆迁的被动迁居嵌入型社区。相比较而言，学者们对征地开发的被动迁居嵌入型社区的研究和关注更多一些。研究内容主要从三个方面展开：

一是综合性的质性研究。孙远东（2014）认为，经由快速工业化、城镇化形成的农民集中居住区，在人口流动快速、人口结构和利益多元化凸显以及公民社会基础薄弱的情况下，其善治之道恐非学术界广泛推崇的"社区重建"所能担当，可行的选择应是诉诸国家重建，主要路径是培养居民的公民意识和公共生活习惯，建立基本的市场制度和公共服务体系，同时投资于社会资本的建设。张晨（2011）把已被征地农民的集体动迁小区为空间载体的社区命名为"过渡性社区"，并较为系统地归纳和总结了这类社区的结构属性，分析其发展所面临的体制与观念的困境，并指出"过渡性社区"未来的发展走向是转型为新型的现代社区。杜雯洁（2010）认为，过渡社区社会空间整合的发展障碍包括社会关系弱化所带来的成员内聚力和认同感减少，居民"安居却不能乐业"的障碍，社区的不均衡发展落差。

二是从理论上梳理这类社区治理模式。严敏（2009）认为，中国不能盲目照搬西方社区治理模式，要以政党为核心，依靠包括人大、社区、企业单位、事业单位、非政府组织等多个主体的齐抓共建，提高征地农转非型社区的治理能力，形成具有中国特色的农转非社区治理模式。卢春和丁希（2010）分析认为，被征地农民社区与农民原来生活的农村社区相比，其内部关系上所发生的最大变化是，熟人社会在被征地农民"村改居"社区中瓦解了，针对这一特殊现象，基层政府必须通过一系列治理策略、治理方式的创新来完成对被征地农民社区的有效治理。在引导农民集中居住的过程中，有些地方政府存在对农民房产、宅基地补偿不足的问题。康之国（2014）认为，转型社区必须从整合管理体制、厘清管理职责、实现社区治理主体多元化、提升社区公共服务功能、拓展社区文化建设内涵、加强社区治安管理等方面加大治理力度，有效实现治理转型。

三是对治理实践进行总结分析。张璐（2010）以苏南地区若干社区调查为例，分析了政府征地补偿、居委会管理中的职能错位以及居民的生存压力、身份意识等多角度治理问题。吴思（2012）通过对重庆沙坪坝区农转城社区的调研，分析得出居民就业程度低、生活方式差异大、市民身份认同感低和社区权力分配不平衡是农转城社区存在的主要治理问题，并相应地提出了对策。夏永久和朱喜钢（2013）对南京郊区 8 个拆迁安置社区的案例研究发现，城市被动式动迁居民社区满意度评价具有 6 个维度的结构特征，其中，满意度评价得分由低到高分别为：就业环境维度、设施配置维度、地理空间维度、自然环境维度、住房条件维度和人文社会维度，不同组间的居民社区满意度差异显著，时间、空间、居民文化程度以及工作稳定性状况是社区满意度的主要影响因素。

中国当代城市化以惊人的步伐和规模进行，社区作为城市肌体结构的基本细胞为适应城市化带来的城市扩张现象，演化出"嵌入型"的社区新形式。嵌入型社区指由政府或市场主导开发商建设，镶嵌分布在城市原社区之间的新社区。外来人口、被征地农民、旧城居民等嵌入城市，入住嵌入型社区，成为嵌入型社区居民。嵌入型社区分为居民自愿购买并入住的主动迁居嵌入型社区和由政府政策规范引导的被动迁居嵌入型社区。然而，不同于主动嵌入城市的居民，旧城居民、城郊农民以及被纳入迁居政策的其他农民，在被动放弃原有居住空间嵌入到新社区空间的过程中，衍生出一系列复杂待解决的问题。其中，居民的满意度和融合度、补偿安置、社区恢复力、法律规范、社区治理等问题得到了学者的广泛关注。但总体来看，对被动迁居嵌入型社区的相关研究缺乏相关理论的支撑和依照此类社区特征给出的治理方案，对这一城市中的新式嵌入空间也缺乏空间层面的理解和认知。

综上所述，基于空间生产理论对城市空间问题进行研究是近几年国内外学术界研究的热点问题，并产生了大量的成果，但是其在城市规划与市政治理实践方面还没有更多的应用，还需要继续在城市特定类型区中做出更多的实证研究成果，提高该理论对中国城市研究的解释能力，以此服务于中国城市发展、建设与治理的实践。具体来讲，今后的研究可以在以下几个方面深入：

第一，专门针对城市空间扩张和重构所产生的被动迁居嵌入型社区的研究。研究能否对这一在中国特色城镇化背景下产生，已经在城市空间中大量存在且持续增加，并显著影响城市化发展质量和城市不同人群之间的和谐共处的社区实现有效治理。

第二，对城市的物质空间与社会空间的相互作用关系的机制还有待深入研究，使"空间正义"能够在各级城镇规划和建设中得到有效体现，使"人为目的"成为城市区域规划的核心理念。

第三，从研究方法上看，需要更多地应用数理模型法、地理信息系统分析法等定量化、空间化的研究方法和研究手段，提高研究的精度和可应用性。

第四，从研究尺度看，已有的实证研究大多基于整个城市层面，或城市中某一局部空间，比如城乡接合部等中观层面，还需要加强城市行政社区层面的空间生产问题研究。

第三节　研究目的与意义

一、研究目的

结合前文对国内外本领域的背景情况和相关研究进展的梳理，本书的研究目的为：结合宁夏快速城镇化进程中被动迁居嵌入型社区物质空间生产与社会空间生产协同耦合水平的实证分析，全面揭示并分析我国快速城镇化进程中，被动迁居嵌入型社区空间生产的协同机制，以实现对不同类型被动迁居嵌入型社区空间生产的协同治理，促进被动迁居嵌入型社区在快速城镇化进程中和城市融合互动协调发展，提高快速城镇化发展质量。具体目标包括：

一是从空间生产理论的角度阐明被动迁居嵌入型社区的类型特征、空间生产的过程激励。

二是对动迁安置社区空间生产综合水平进行测度，并揭示其物质空间生产和社会空间生产的耦合机理与协同状态。

三是揭示动迁安置社区空间生产水平的影响因素，并对社区空间生产协同水平提高的障碍因素进行测度。

四是构建快速城镇化进程中不同类型被动迁居嵌入型社区空间生产协同治理模式。

二、研究意义

（一）以物质空间和社会空间协同耦合的视角研究社区空间生产与治理问题，丰富了城市空间生产和社区治理的理论体系

城镇化是人的迁移过程，同时伴随着新的物质空间和社会空间的扩张。在自发迁移为主的城镇化条件下，城市的物质空间与社会空间往往能够实现自协调，但在政府有意识的主导推动下，两者往往难以实现这一点。基于空间生产理论，社区的空间生产包括物质空间生产与社会空间生产两大系统，可以抽象地看作是"物"和"人"的系统。社区物质环境的生产是为了给社区居民群体提供社会性服务，同时为社区社会空间的生产提供物质载体，而社区居民群体生活服务需求，即社区社会空间的生产和发展则促使社区物质空间生产不断更新和改善，以逐渐满足社会空间发展的需求，这才是社区物质空间生产的核心目标。社区物质空间的生产必须满足社区居民群体的生活和发展需要，即物质空间与社会群体的适应是被动迁居嵌入型社区和谐、健康发展的宗旨。被动迁居嵌入型社区的物质空间生产和社会空间生产不相协同的矛盾，会对城镇化发展质量、社会经济可持续发

展产生显著影响。

目前国内对于被动迁居嵌入型社区的建设与治理还缺乏可参考的经验，急需探索出一系列适合我国西部地区城市发展实际的治理模式，以此缓解被动迁居嵌入型社区与城镇化总体发展不相适应的矛盾，满足动迁居民安居乐业的诉求，促进城市和谐、稳定、快速发展。本书在充分借鉴国内外空间生产理论的基础上，进一步探讨被动迁居嵌入型社区的产生机制和具体类型特征，分析并揭示其物质性空间生产和社会性空间生产的交互关系及协同机制，以此尝试构建被动迁居嵌入型社区协同治理模式，为少数民族地区建设嵌入型的新型社区提供理论支撑，同时对进一步丰富我国城市空间生产和社区治理的理论体系也有重要的意义。

（二）为被动迁居嵌入型社区有效治理模式的实践探索及其政策制定提供依据与指导

2002 年以来，宁夏城镇化发展进入快车道，全区因城镇用地规模扩张而产生的被征地农民累计达到了 35 万人，据测算到 2030 年将增至 100 万人，因城市"棚改"户数已累计达到 13.2 万户、50 万城镇居民，全区还将实施涉及 20.12 万户、80 万居民的城镇棚户区改造工程。对于动迁居民的安置，宁夏多采用政府主导的集中安置模式，原城镇周边地区由于规划建设的成本较低而成为"嵌入"安置动迁居民的首选地带。目前，全区已经形成了一定数量的由因村改居、旧城改造、生态移民而形成的被动迁居嵌入型社区。

近年来在新型城镇化推进中，各级政府都将城镇化的焦点放到了质量提升上，落脚点是"以人为本"，在此背景下，被动迁居嵌入型社区成为提升城镇化质量的重点和难点地区之一。宁夏各级城镇都不同程度地存在这一矛盾，迫切需要一定的科学研究为其有效治理提供支撑。本书以宁夏为例，从空间生产理论的角度，探讨被动迁居嵌入型社区物质空间与社会空间的协同发展机制，基于"空间公平"的城市规划理念，为被动迁居嵌入型社区获得有效发展机会，为被动迁居人群尽快融入城市社会提供实践路径，同时在公共政策制定上，对于被动迁居嵌入型社区有效治理模式的构建、西部地区城市管理能力的提升等方面均具有实践指导意义。

第四节　研究方案设计

一、研究思路

本书基于理论研究与实证分析相结合的总体构架，按照"提出问题—分析问题—解决问题"的逻辑思路构建研究框架。通过社会经济发展的现实背景分析以及文献综述得到的启示，提出研究问题，即快速城镇化进程中被动迁居嵌入型社区的物质空间生产和社会空间生产是否协同共进，如何进行协同治理。明确研究目标以后，研究内容按照被动迁居嵌入型社区空间生成的机制分析、社区空间生产过程协同水平分析与机制测度、空间生产协同治理模式的脉络展开，围绕研究目标和研究内容而设计研究方案，如图1-1所示。

二、研究内容

围绕上述研究目标，本书以快速城镇化进程中被动迁居嵌入型社区为研究对象，围绕其物质空间和社会空间的生产、发展、治理进行分析，研究这类社区在城镇化进程中，物质空间生产和社会空间生产的协同机制、耦合水平以及如何有效治理等方面。具体的研究内容包括：

（1）对当前我国城镇化进程中出现的各类被动迁居嵌入型社区进行归纳梳理，对其概念进行界定并划分类型，在此基础上，基于空间生产"三元一体"的理论分析框架分别对三种类型的被动迁居嵌入型社区的空间生产过程机理进行深入探讨和系统分析。

（2）综合评价被动迁居嵌入型社区的空间生产水平，并从物质空间生产和社会空间生产两个层面探讨影响其空间生产水平的物质因子和社会因

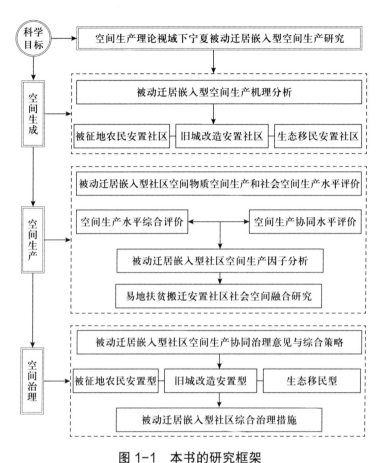

图 1-1　本书的研究框架

子，以此作为对这类社区进行综合治理的切入点。

（3）对被动迁居嵌入型社区物质空间生产和社会空间生产的协调耦合度进行定量化分析评价，通过障碍因子测度模型，识别阻碍被动迁居嵌入型社区物质空间生产和社会空间生产协同性的因子并测度其影响度。

（4）针对生态移民安置区这类被动迁居嵌入型社区的社会空间融合情况进行实证研究分析。

（5）基于空间生产理论框架和前期研究结论，进行了不同类型被动迁居嵌入型社区空间生产综合治理模式和具体对策的研究。

本书书名及后文中均将"被动迁居嵌入型社区"简称为"嵌入型社区"。

第二章 空间生产理论体系的演进

第一节 空间认识论

一、关于空间

关于空间，部分人认为空间合并了其他已有的产品、某个物体或者物体的总和、某个东西或者许多东西的集合、某种商品或者许多商品的总和。人们可能也会认为，空间是最重要的工具和容器，是所有生产和交换的基础。列斐伏尔认为，空间实质上是和生产关系的再生产联系在一起的。这种生产不限于经济学家研究的以消费过程为参照的物品生产。这种生产包含社会中全部生产活动的普遍目的和共同方向。就各种活动、劳动、日常生活、艺术以及建筑师和规划师设计的空间来讲，空间被视为一种方案，即在分解中对内在性的把握，在分离中对包含性的诠释。因此，空间既是抽象的又是具体的，既是均质性的又是断离的，不仅存在于绘画、雕塑和建筑中，也存在于城市和知识中。

空间是均质性和断离的，涉及广义生产，即社会关系的生产和再生产。由此空间也变成了再生产的场所，包括都市空间、娱乐空间、教育空间和日常生活空间等，这种空间生产以建筑师和规划师等的方案落实为前提。均质的空间被管理者、建筑师和开发者的建设方案，转变为异质性的局部空间。同时在艺术层面，艺术家将被分割的功能分区统一，同时呈现空间的均质性和破碎性特征。在分解、分割、美化、断离和维持均质空间的过程中，逐步出现功能中心，例如商业中心。商业中心是单一功能场所和规则的存在，是装饰于非功能性的唯美主义的体现，并伴随仿真模特和游戏性模仿。在均质的空间中，被分割的各方开展交流，出现新的联系，生产出边缘地区和郊区，这类空间具有未定型属性。这类空间中，贫民窟、棚户区和居住区组成了边缘区的住宅区；这类空间中，时间服从某类标准所控制的决定，然而，人们致力于创造各种话语、阐释、文化"价值"和艺术价值的空间。

建筑学和城市规划学的空间具有双重特征，即统一性和断离性。研究者也试图将这一空间的矛盾特征定义为：连接的与分离的。这一空间属于不同利益群体，群体在国家中体验统一性。同时，这一空间还从属于某种支配要求和共同标准，而建筑师、开发者、城市规划者和企业家等属于空间介入者，并开展空间功能和劳动分工，从而实现空间强制性和统一性的断离与混合。

二、三元空间认识论

20世纪后半叶，空间的研究和思考呈现两种向度空间；被视为具体的物质形式，用于被标识、被分析、被解释；被视为精神的建构，用于表征空间及其生活的观念形态，由此构成空间二元论。苏贾重新评估空间二元论，提出"第三空间"。"第三空间"涵盖物质维度和精神维度空间，又超越前两种空间，表现出极大的开放性，开拓新的空间思考模式。苏贾分析了他所谓的三种"空间认识论"。

"第一空间认识论"主导空间知识体系达数个世纪，发展历史悠久。它以列斐伏尔提出的感知的、物质的空间为认识对象，借用观察、演绎、归纳和实验等经验主义方法把握。我们生活的家庭、建筑、邻里、村落、城市、地区、民族、国家乃至世界经济和全球政治地理等均是"第一空间认识论"的考察对象。苏贾指出，第一空间认识论侧重空间的客观性和物质性，致力于建立关于空间的形式科学。随着人与自然关系的演变，"第一空间"作为经验研究对象，在两个层面被学者关注：一是通过准确的描绘和描述方法，对空间对象开展集中的空间分析；二是借助社会学、心理学和生物物理过程阐释空间。

"第二空间认识论"是第一空间认识论的封闭和强制客观性质的反向，即采用艺术对抗科学，用精神对抗物质，用主体对抗客体。苏贾认为，第二空间通过话语建构的空间再现，完成知识生产，因此重点关注构想的空间，并非感知的空间。形式上，第二空间观念来源于构想和想象空间，进而在观念和经验世界中确立投射关系。精神在阐述事实上更多侧重反思的、主体的、内省的、哲学的、个性化的活动。因此，第二空间的研究中云集了哲学家、艺术家和个性建筑家。同时，引发了学者对空间本质的探讨和追问。第二空间认识论将想象的地理学表征为真实的地理学。苏贾指出，第一空间认识论和第二空间认识论的界限有时候是模糊的。列斐伏尔指出，第一空间认识论和第二空间认识论有时候相互对立，有时候一方寓于另一方之中，并推动另一方生产关系的演进。随着实证主义、结构主义、后结构主义、存在主义、现象学和阐释学等思想和方法的应用和融入，第一空间研究者逐步转向求诸观念，然而第二空间研究者致力于探讨具体的物质空间形式。

"第三空间认识论"是对第一空间认识论和第二空间认识论的解构和重构。苏贾将其归为"他者化""第三化"，不仅是对第一空间和第二空间的否定和批判，也是对其的肯定和建构。第三空间认识论在质疑第一空间和第二空间思维方式的同时，也在引入把握空间知识的新手段，以求认识传统空间科学尚未认识到的新的可能性。对此，苏贾强调第三空间极富开放性和汇聚性，汇集主体性于客体性、抽象与具体、真实与想象、可知与不可知、重复与差异、精神与肉体、意识与无意识、学科与跨学科。由此看出，强行将第三空间分割成专门类别的知识和学科的做法，将封闭解构和建构第三空间的通道，损害第三空间无穷的开放性。故此，第三空间本身和第三空间认识论将始终保持开放姿态，不断探索新的可能性。

第二节　空间生产理论

一、空间生产理论的来源

空间的生产指社会资本、权力和阶级等政治经济因素重塑空间，进而生产空间产物的过程。康德将地理学称为"空间"科学。区域学派代表赫特纳（1983）、哈特向（1958）继承了"空间"科学传统，将空间界定为"被填充的容器"。20世纪50~60年代，受实证主义和空间分析学派影响，地理学家试图借助计量手段探索空间"模式"和"法则"。此时，由克利斯泰勒提出的"中心地理论"最具典型性和代表性，发展了城市空间形态学和几何学。

实证主义地理学在城市空间研究中规避空间价值判断，因而忽视了塑造"空间"的个体的政治和社会关系。因此，1960年后，实证主义在处理空间社会、政治经济问题时失灵，引发资本主义世界的社会、政治和经济危机，并加剧种族和阶层分化，导致城市空间出现市区和郊区分化现象。马克思主义理论能深刻批判、揭示和分析资本主义制度和空间生产问题的实质，被地理学家和城市研究者关注。1970年开始，城市空间生产问题受到西方社会学和城市学学者的关注，形成新马克思主义城市学派。新马克思主义城市学派和马克思主义地理学派持续关注城市空间生产研究，形成并发展空间生产理论，积累实践经验。虽然空间生产理论关注的问题较多，但城市空间生产问题在其中处于核心地位。哈维（2006）指出，"城市化和空间的生产是交织在一起的"。诸多理论家以城市为研究对象，围绕城市空间生产开展研究工作，但"空间生产"理论研究仍存在所涉学科门类多、研究问题复杂、研究零散化等问题。2010年后，国内开始出版若干与列斐伏尔和空间生产相关的图书。李春翻译了亨利·列斐伏尔的《空间与政治》，包亚明主编了《现代性与空间的生产》，包亚明主编、陆扬等人翻译了苏贾的《第三空间——去往洛杉矶和其他真实和想象地方的旅程》，该类著作对引入和普及国外空间生产理论发挥了重要作用。同时，为空间生产研究积累了经验，推动空间生产理论认知和研究由片段、零散走向全面和综合应用。

空间的生产作为一种思辨理论，积累了丰富的城市研究成果。宏观上主要解读城市化历史过程，微观上主要是反映城市及不同类型社区发展情况的个案研究（见表2-1）。城市空间生产相关研究多为实证探索，虽然面临挑战，但目前有案例可参照，有历史分析、文本分析和景观图像分析等方法可依循，不同尺度研究具有可行性。

表2-1　空间生产理论研究尺度梳理

国家	尺度	人物	主要贡献
法国	宏观、微观	列斐伏尔	对城市化的历史以及巴黎的工人阶级状况、住宅、社区以及消费空间进行过社会调查和实证研究
英国	宏观	大卫·哈维	对巴尔的摩的城市景观和空间变化进行过长期的跟踪调查，对巴黎的都市空间生产的历史和文本解构也非常经典
美国	宏观	爱德华·苏贾和迈克·迪尔	洛杉矶的拆解也具有典型性
中国	宏观	杨宇振	对权力、资本与中国城市化关系的历史解读
中国	宏观	顾朝林、于涛方、李平	对马克思主义地理学和新马克思主义城市学派有概括介绍和简单评价
中国	宏观	夏铸九	编译了介绍空间生产相关理论的著作
中国	宏观	王志弘	以扎实的西方地理学文献为基础，对列斐伏尔及其后西方地理学中的空间的生产概念进行了一个较为系统的梳理与解读
中国	微观	黄宗仪	以上海的都市空间生产为例，研究揭示了资本需要支配的城市空间与被支配的居民生活空间的二元对立矛盾
中国	微观	吕拉昌魏也华林初升	考察了中国城市空间被国家力量和经济、社会因素重塑的状况

二、空间生产理论形成与发展

空间的生产是新马克思主义城市学派和马克思主义地理学的一个关键概念。城市空间的生产指资本、权力和阶级等政治经济要素和力量对城市的重新塑造，从而使城市空间成为其介质和产物的过程。通过文献分析和比较可以得出，空间的生产理论在批判传统的将空间视为容器及对空间进行无价值判断的观点的基础上产生；借助马克思主义理论并将其与空间问题相结合，西方地理学界和城市学界在空间的生产问题上积累了丰富的理论成果和实践经验；国内学术界对空间生产理论的研究较为迟滞，缺乏突出的案例研究，目前还处于引介和应用的起步阶段，但近年兴起了一个以多学科共同研究为特征的浪潮。

将马克思主义理论引入地理学和城市学研究，并进行综合的社会、空间和政治经济分析、批判及空间生产理论建构，是列斐伏尔、哈维、苏贾、福柯、卡斯特尔、史密斯等学者的主要贡献。这种综合和跨学科的研究，不但扩展和丰富了马克思主义理论体系，而且推进了城市领域的理论和地理学的发展，并对社会科学产生了深远影响。正如著名马克思主义地理学家理查德·皮特（2007）所指出，马克思主义与环境和空间知识之间的互相作用，为人类存在的深奥问题提供了强有力的理论解释，这些又为它的形成提供了学科力量。

（一）列斐伏尔

法国马克思主义思想家亨利·列斐伏尔是空间的生产理论的首创者。列斐伏尔对空间概念进行了较为全面的哲学考察，并深刻地批判了将空间仅仅视为容器和"场"的传统观点；在此基础上，他将其理论聚焦于城市空间生产，提出了"（社会的）空间是（社会的）产物"的核心观点；建构了一个展现这个空间生产过程的三元一体理论框架：① "空间实践"（Spatial Practice），城市的社会生产与再生产以及日常生活；② "空间的表征"（Representations of Space），概念化的空间，科学家、规划者、社会工程师等的知识和意识形态所支配的空间；③ "表征的空间"（Spaces of Representation），"居民"和"使用者"的空间，它处于被支配和消极体验的地位。从资本主义城市发展的实际出发，借助马克思主义的分析工具，通过对空间概念的系统梳理和历史批判，列斐伏尔建构了以城市空间是（资本主义生产和消费活动的）产物和生产过程为核心观点的"空间的生产"理论。

列斐伏尔空间生产理论还聚焦空间与国家的关系。列斐伏尔（1994）认为，在城市空间生产过程中，国家政治权力始终处于主导地位。"城市核心区主宰边缘地区，并把局部地区与全球联结起来，权力在这方面发挥着至关重要的作用。"列斐伏尔引入"抽象空间"和"社会空间"概念，阐释资本、国家和社会在空间问题上的复杂关系。资本投资者和政府从物理特征上抽象思考空间，并采用大小、收益、位置、宽度以及面积等进行定义，故被称为"抽象空间"。从个人层面讲，个体将生存和生活的环境空间视为居住地，对其具有使用权，故被称为"社会空间"。政府和资本在抽象空间维度运作时，可能会与已存在的社会空间发生冲突，例如，一项大型新建房屋的规划和落实，可能会与当前居住者对空间的使用方式发生冲突。因此，列斐伏尔认为，社会中抽象空间和社会空间的冲突是社会的基本矛盾。此外，城市空间生产不同主体还产生了关于空间与行为的复杂关系，列斐伏尔认为这一关系的生产是一种双重过程。空间影响并塑造人类行为，空间又是行为建构的结果，因为人类会改变空间以适应他们自己的需要。列斐伏尔揭示了城市与人类研究的空间向度，认为人类的研究活动如果缺失了空间，思维的其他维度就会被夸大。

（二）大卫·哈维

哈维（1973）较早地引用和传播了列斐伏尔的观点，他不但初步运用马克思主义理论阐述了社会正义与城市之间的关系，而且发展了资本的城市化理论，指出城市空间组织和结构是资本生产的需要和产物，中产阶级郊区化和城市中心区的衰落是资本积累与阶级斗争矛盾作用的必然结果。

同时，大卫·哈维还发现了空间的重要性，发现了当代社会空间的穿透力，把空间批判融合到历史唯物主义的分析中。他指出，空间批判建构源于生产方式和具有此生产方式特征的社会关系，并影响着当下的文化生活，从而最终走向乌托邦的图景。对"空间的生产"这一理论武器的运用和发挥，使大卫·哈维卓有成效地补足了马克思主义在城市问题和空间维度上的缺憾，从而极大地丰富了城市空间生产理论的内涵，并从三个维度上阐释了空间理论的内核和空间实践。但是，大卫·哈维的空间理论还存在一些不足和问题，主要表现在：过分强调空间的意义和价值。大卫·哈维的空间理论包含着一个预设前提，即空间是被人类活动建构的。人在行为、观念、话语、文化过程中建构他的空间世界，但空间怎样被人类活动所建构，他并不关注，他关注已经建构好了的空间世界，以及在这样的世界中人如何生活。另外，他对资本主义的批判更多的是一种"现象学"意义上的诊断，没有从根本上提出"治疗"资本主义的良方，因此，也无法产生实际的现实效应。

古典城市理论与新城市主义等都提出，现代城市人际关系疏离，影响传统社区发展，提倡在城市中建设更大社区，通过紧凑的空间结构和社区功能设计来培育和建立紧密的人际互动关系。哈维（1989）将空间生产与生产空间结合起来，提出了空间尺度结合社会关系的辩证研究方法（见表2-2）。然而，哈维经过项目调查和研究发现，社区也存在人群疏离和社会隔离。哈维不相信有完美的设计能彻底解决人群疏离和社会隔离等社会问题，他认为通过扩大社区居民交往范围、增强居民社区归属感和开展教化与道德维系能够缓解人群疏离和社会隔离等社会问题。在哈维看来，只能建造一个与霍华德设想的田园城市类似的社区，或基于新城市主义理念在佛罗里达州建设新传统主义的海滨新镇，并不能创造社区。

表 2-2　哈维：空间实践"网格"

	可接近性与间隔化	占用和利用空间	支配和控制空间	创造空间
物质空间的实践（体验）	商品、货币、劳动力、信息等的流动；运输和交通系统；时长和都市等级制度；聚结	土地利用和建筑环境；社会空间和其他"草根"标志；沟通和互相帮助的社会网络	私有土地财产；国家和政府的空间划分；排外的社群和邻里；专属分区制与其他形式的社会控制（管辖与监督）	无组织基础设施生产（运输交通、建筑环境、土地清理等）；社会基础的领地结构（正式的和非正式的）
空间的表达（感知）	距离的社会、心理和身体尺度；绘制地图；"间隔摩擦"理论（最小努力原则，社会物理学，商品范围，中心场所，其他形式的场所理论）	个人空间；被占有空间的内心地图；空间等级；空间的象征性表达；空间"话语"	被禁止的空间；"领土规则"；社群；地区文化；民族主义；政治地理学；等级制	地图、视觉表达、交流等的新系统；新的艺术和建筑"话语"；符号学
表达出来的空间（想象）	吸引/排斥；距离/欲望；接近/拒绝；超越"媒介就是信息"	熟悉；家庭与家；开放场所；通俗表演场所（街头、广场、市场）；插画与涂鸦；广告	不熟悉；惧怕空间；财产和拥有；纪念性和构造出的仪式空间；象征性资本；建构"传统"；压迫性的空间	乌托邦计划；想象性景色；科幻小说本体论和空间；艺术家的素描；空间和场所神话；空间诗歌；欲望空间

资料来源：大卫·哈维.后现代的状况：对文化变迁之缘起的探究 [M].阎嘉，译.北京：商务印书馆，2003.

（三）福柯——异质空间

福柯从权力关系的视角分析空间生产。他在"异托邦"一文中提出了"空间的纪元"。总体而言，福柯的空间视角包括三部分：工具性空间生产、生产性空间形成和空间合理性争夺。

（1）工具性空间生产。福柯采用尼采的系谱学方法，将权力关系（而非权力意志）视为推动历史和转化（客体化）主体的宰制性力量，因而空间成为权力运作的工具，也成为权力运作的条件。福柯梳理了3种主要的权力关系形式——君权（Sovereignty）、规训（Discipline）和治理或安全（Security），每种权力关系都有支持其发展的统治技术，由此组成特定的工具性空间。福柯认为，"空间在公共生活（Communallife）中具有基础性作用；在权力实践（Exercise）中也具有基础性作用"。在君权中，领土发挥着核心作用，其既作为权力关系的对象，也充当权力关系的媒介，封闭空间（如通过边界的确立）和君王特权空间是空间的主要形式。在规训中，空间主要用于规范身体和行为；各种空间标准和规范手段被用于强化权力——如空间分割（Partition）、层级监视（Surveillance）、规范化裁决，继而转变为一种复杂的关系权力的物理学。在治理中，效率和生产力逐步成为关注的焦点。在这一背景下，普查、监视（Surveillance）、统计、规划和计算（Calculation）等都开始进入空间调控（Regulation）和空间政策的视野。值得注意的是，3种权力关系是组成权力空间技术的"三角"，而并非具有演替性（Successive）。此外，福柯对于空间的康德式认知框架仍然保留牛顿的绝对时空观，因而正如哈维的批判，这种分析仍然相对侧重实体的空间而显得十分呆板（Stasis，Rigidity）。

（2）生产性空间的形成。福柯将权力机制和其主导的工具性的空间视为一种可以自行运作的设计方案，其理论分析始终无法越过权力的目的性问题，重点体现在对社会宏观尺度（如国家机器和社会组织）的权力探讨上。针对这一问题，福柯再次借助马克思主义思想，提出国家权力从战争、外交转向公共管理继而转向自我规训，统治技术从司法转向规训再转向生命政治（Biopolitics）的发展逻辑。在这种逻辑背后，权力实践不仅是压迫性的，更是生产性的——国家在其中追求一种无上权力（Super Power）与过剩的生产之间的比例关系，从而形成了一种生产性的空间视角。随后，福柯将关注点从领土转向人口（Population），也将微观管治技术层面拓展到宏观政治经济政策层面，继而与哈维的阶级和资本视角呼应，赋予权力空间设计和机构（Apparatus/Dispositif）以生产性功能。与波兰尼对城市形成（作为市场的衍生物和保护者）和圆形监狱功能的诠释相比（通过大规模将失业商业化以抹平商业周期），福柯不断规劝和塑造符合一定社会规范的权力和空间，以达成生产性逻辑：一方面，规训不会浪费资源在那些不会产生回报的人身上，如国家对待麻风病人和控制瘟疫会采取不同的空间政策（对没有生产力的实行禁闭，对可能受感染的人群进行区分和隔离），军队不会对逃跑的士兵开展规训，学校也不会对智力残缺的儿童进行教导；另一方面，大部分传统的暴力和强权机构（如警局等）逐步开始积极地创造生产性条件——正如福柯所言，"城市化与警察化（公共管理）几乎是一件事"。

（3）空间合理性的争夺。与马克思主义聚焦于资本逻辑积累的内在矛盾和不对称性上不同，福柯更加强调实践（包括所谓的新自由主义）背后"无处不在"的权力逻辑。尽管很多解读认为福柯持一种悲观主义的权力观点，但有学者认为福柯同时看到了权力背后的解放性力量。福柯在对各种形式的权力关系的分析中虽然始终强调权力的普遍性，但他也正视权力背后的矛盾性和变化性力量——如他在后期的一篇回顾性文章——The Subject and Power 中把他毕生的研究目的归结为主体性的解放。福柯对空间合理性的研究聚焦于对"异托邦"（Heterotopias）及"外边思维"的探讨和在治理术中对合理性（Rationality）的思考，实质上部分地超越了哈维针对福柯关于空间工具性理解的思考和批判。一方面，福柯在回顾西方自中世纪层级性的神圣（Emplacement）空间，到伽利略时代延展性的开放空间，再到当代关系性的场所（Site）空间的演变历程后，指出空间可以具有普遍性特征，但虚构的乌托邦和真实而差异化的异托邦提供了一种空间"不是什么"的探索视角，这一视角同时性、并置性地呈现了各种异质因素的空间场所。这类差异化视角不但贯穿于其对权力化的空间探索中，也渗透在早期《词与物》中目光交织的分析和"域外"思想中，是一种关于主体消失和从外部进入内里的空间化反思。因此，施庆利（2010）认为，纵然福柯的空间观点存在一定的"呆滞性"，但他所借助的尼采式视角却给予了其空间思想的生成论核心和谱系学的流变本质，能够反对目的论及本质论而提倡"差异"、反抗整体历史而提出（非线性的）"空间化的历史观"。另一方面，福柯对空间生产的考察始终伴随着对知识霸权和合理性的反思。基于这一视角，空间不仅被福柯视为研究对象，更被其作为概念性（Conceptualarmoury）的一部分——各种知识（Connaissance/Pouvoirsavoir）和话语（Discourse）都可置于这一空间中考察，形成"文学空间""诊所的医学空间""日常生活空间""考古学空间"等空间形式；分类（包括学科划分）涉及对话语权力的运用，空间化（Spatializations）同时作为分析工具和目的成为权力实践的对象和斗争的场所。因此，必须"重获迷失和隐匿的知识"并确立一种"正常和正当"的社会标准，探求空间、权力与知识的互动和结合。这些努力促成了与马克思主义研究中的空间正义和表征遥相对应的、对空间性背后的"真理政治"的研究，从而将空间扩展为空间性，将治理术的空间由实体空间扩展为空间的因果关系（Causal Logics）。这其中既包括 Elden 对计算与空间合理性（Rationality）关系的关注——如"State Statistics""Reason、Rationality、Ratio"的对应，也包括 Huxley 对空间合理性的类型总结——几何性（Dispositional）、健康性（Generative）和精神 / 指引性（Vitalist）。

（四）爱德华·苏贾：他者化—第三空间

爱德华·苏贾以列斐伏尔的空间生产三元辩证法的本体论与认识论为起点，结合多年来对城市空间进行的后现代批判研究发展形成第三空间理论。借鉴倍尔·胡克斯的边缘差异空间、福柯的异形地志学、空间女权主义以及后殖民主义批评等经典理论，苏贾将"他者化—第三化"作为第三空间理论的关键突破点。第三空间的开放式空间批判意识赋予当前语境下的社会文化问题以新的研究启示。爱德华·苏贾强调了政治权力和意识形态对城市空间生产的影响，并试图摆脱空间的"物化"和抽象化的双重束缚，从而建构一种以"批判的区域研究"为方向的后现代地理学。

爱德华·苏贾采用第三空间理论思维，将人文地理学发展归结为三条道路：第一条是根植于对社会存在的本质和概念化进行一种根本性的重新阐述，这实质上是一场本体论方面的斗争，企求重新平衡历史、地理和社会三者之间可以阐释的交互作用；第二条是直接依附于物质世界的政治经济学，或更具体地说，依附于资本主义的"第四次现代化"，这是"二战"后持续性经济繁荣结束后所产生的最新一轮具有深远影响的社会；第三条是寓于文化和意识形态的重新变革、对现代性的经验性意义进行不断更新的界定、空间和时间的一种全新的后现代文化的崛起。

（五）曼纽尔·卡斯特尔

曼纽尔·卡斯特尔深受列斐伏尔的影响，他提出集体消费的概念，认为城市化使城市劳动者的个人消费日益变成以国家为中介的社会化集体消费，而决定城市发展和空间演化的主要原因是资本主义制度，劳动力和资本以及工人和资本家之间的斗争使城市空间成为劳动力再生产的空间，那些照顾资本利益的城市计划和政策并不一定符合广大城市居民和贫困阶层的利益。

（六）尼尔·史密斯等

史密斯等（1989）指出，资本主义政治经济的"发展不平衡"是空间生产研究的中心。阿迪（2004）则对列斐伏尔的空间生产的三元一体概念进行了进一步引申和演绎，甚至将列斐伏尔视为一个"潜在的后现代主义者"，这反映了空间生产理论的前瞻性和连续性。

第三节 动迁安置社区的三元空间辩证

一、三元空间辩证关系

三元空间辩证（Trialectics of Spatiality）属于马克思主义的空间认识论，最早由马克思主义城市批判理论之父列斐伏尔提出，最终在《空间的生产》中得到详尽阐释，形成空间生产理论。苏贾（Soja E）发展了列斐伏尔的三元空间辩证法，在《第三空间——去往洛杉矶和其他真实和想象地方的旅程》中展示了三元空间的辩证关系（见图 2-1）。"第一空间"（First Space）是在实践中的感知空间（Perceived），是通过经验描述确定事物物质基础的空间，关注客观和真实的物质世界。在一定范围内，人与空间直接沟通，可以准确测量和描绘空间关系。"第二空间"（Second Space）是以感知空间为基础，通过想象和抽象建构的认知空间，以实现空间统治和主导。第二空间通常与权利和秩序相关，由管理者、科学家、规划师和艺术家等构建，并展示空间观念。杜能环、中心地模型和城市规划图等是第二空间的典型代表。"第三空间"（Third Space）是生活和体验空间，它将真实空间与想象空间联系起来，又超越真实与想象的二元对立的动态空间，是物质与精神、

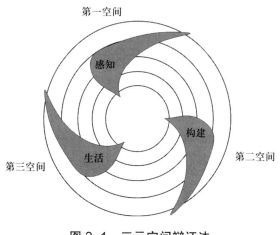

图 2-1 三元空间辩证法

具象与抽象、过去与现在、我者与他者、宏观与微观、真实与想象的对立统一空间。"第三空间"的主体是所有空间使用者,是人们的生活(Lived)空间。

3个空间之间具有辩证关系:"第二空间"产生于"第一空间",同时以空间秩序和实践影响并控制"第一空间"的形态,"第一空间"和"第二空间"渗透在"第三空间"中,"第三空间"会以日常生活中不断出现的新矛盾和新形式抵抗或超越"第一空间"的实践和"第二空间"的支配。列斐伏尔(2015)指出,日常生活体验不断反抗着支配空间。"第二空间"的观念渗透在"第三空间"中,影响生活空间,"第三空间"不断涌现新空间观念,持续对抗"第二空间"既有的空间观念。部分学者认为,"第三空间"持续地与"第一空间"和"第二空间"发生冲突,改变人们在"第一空间"的实践方式,建构新的"第二空间"的观念模式。三元空间辩证图示表明,以"第三空间"为思维螺旋上升的起点,兼顾空间主体性和客体性、抽象和具象、真实和想象、可知和不可知、重复和差异、建构和解构、思想和身体、意识和无意识、单一和多元、日常生活片段和无尽的历史,由此开拓开放性空间视野,以及独特的批判性和想象性的空间意识。

二、动迁安置社区空间生产的三元辩证

动迁安置社区是现代社会和产业革命发展的产物,伴随着发达国家社会福利制度和救济制度改革,政府通过规划建设和文化建设,培育居民自治、服务和互助精神,促进社区法制化管理和民主化参与,在物质层面建设功能完善和生活便利的社区。伴随中国经济高速发展和城镇化快速推进,城市地域不断外扩,兼并郊区和农村,广大农村地区面临拆迁安置,动迁安置社区应运而生。

动迁安置社区是混合形态社区,具有统一性、针对性、同质性和社区不完全性等特点。动迁安置社区按政府统一标准规划建设,集中安置被征

地农民、生态移民和因城市建设工程而拆迁居民，入住居民在情感上多为社会发展和城市建设贡献力量，而被迫"迁入"，动迁农户与传统村落在地理空间上完全割裂。动迁安置社区的集中性和专门化属性，致使迁入居民的文化素养、知识水平和思想素质水平基本一致。相较于村落管理机构，居民对社区居委会的认同度较低，尤其在征地补偿、集体福利等职能方面。但通过长期努力和多方协调，动迁安置社区的管理者和居民群体的社区治理、参与思维和空间生产观念不断更新，在物质空间、文化空间和精神空间层面上共同建设、管理和发展社区，促使社区空间生产关系越复杂，空间生产系统越完善、越高级。

对动迁安置社区管理模式的探索，应按地区不同采取适当的措施，但从客观上看，动迁安置社区在居民素质、团体心理健康、社会治安水平和社会服务等领域取得的成绩有限，需要大量努力。与社区先进的现代化设施和崭新的电梯高层住宅相比，居民的素质相对较低、物业管理水平较低、社区服务水平较低等问题更不适应时代趋势，这要求我们深入调查、深入分析，正确认识和妥善处理。

动迁安置社区由政府或企业作为甲方开发，社区开发初期按照城市商品房标准配置水电气暖及消防通道等基础设施，考虑住宅绿化、互联网通信、排水管道和物业管理等服务设施，试图构建功能完善、土地利用和布局合理、交通便利、居住环境优美、生活氛围和谐、生态宜居的社区，以此奠定了安置居民生活的物质空间，即第一空间。然而，动迁安置社区居民多为原农村务农居民，登记居住地仍为原生村。居民生活习惯、思想观念和风俗习惯等感知空间受迁出地村落环境影响，与城市居民感知空间认同存在显著差异。原村落空间生产中村委会掌握各项事务的实质决定权，居民进入社区后，短期无法改变参与事物的思维和方式，发展居民团体和社会组织，导致居委会在管理中处于弱势地位。居委会的主要成员由政府和相关部门考察后上岗，社区居民参与社区管理工作的程度较低。迁入居民与原住居民混居，受原生环境影响，形成不同的生活习惯和环境感知，短期内难以改变。加之，居民间社交范围不同，部分居民有亲属关系和邻里关系，导致社区整体融合难度较大。

与传统农村社区和商品住宅社区不同，在城市化快速发展阶段，动迁安置社区具有复杂性特点。动迁安置社区空间生产关系复杂，主要表现为动迁原因多元、社区居民身份多样、主导社区资本多元等。动迁安置社区常住人口包括被征地农民、生态移民、旧城改造搬迁居民和购买二手房的外来人口。社区原居民多为当地常住民、农民工和企业家等，政府权力和企业资本的介入，为原务农人口进入社区提供了可能性，务农人口逐步转变为工厂工人、个体户和第三产业工人，收入来源转变为职工收入、住房租赁的租金收入和补偿款等。因此，多元化和复杂性导致动迁安置社区宗族血缘淡化、邻里感情松散、第三空间发展不平衡、社区空间生产关系不协调。因此，动迁安置社区治理不能盲目沿袭城市街居管理体制和农村社区管理体制，亟须正确的理论指导社区逐步转变管理体制，适应城市化发展，规避因理论指导不够、盲目学习造成的学习成本和体制改革成本损失。鉴于此，在城市化进程中，梳理动迁安置社区三元空间互动联系，对社区空间治理和社会融合具有现实意义和价值。

动迁安置社区社会空间生产过程同样具有三元空间相互联动：①动迁安置社区的"空间再现"，指迁入居民对安置区实体空间及安置区周边主客观生活环境、人际关系的体验，对安置区住房、道路，安置区人文环境等实体空间的体验，能够反映出安置区迁入居民在社会空间、生活方式、人际关系等方面的适应性，此为动迁安置社区"第一空间"；②动迁安置社区的"空间实践"，指安置区迁入居民参与生产、生活、精神文化活动及其影响，这种影响既包括迁入居民为区域发展输入劳动价值带来的增益，也包括对城市居民及安置区周边公共设施带来的负面影响，此为动迁安置社区"第二空间"；③动迁安置社区的"再现空间"，指迁入居民基于自身文化水平、生产经验、知识背景，在城市空间生产实践中对所处空间形成的空间感知和空间意象，此为动迁安置社区"第三空间"。三元空间相互支撑、相互作用，其中，"空间再现"是社会空间生产的基础，其破解了自然空间限制因素对迁入居民的生计制约，重构动迁安置社区生产生活空间；空间实践是迁入居民市民化过程的关键环节，迁入居民以"空间再现"为依托，占有、使用、参与和改造空间，参与安置区活动或事件、承担城市建设责任、贯彻响应政府决策，为区域发展创造价值，同时与城市居民共享市政设施和服务，满足自身生活、生产、精神文化活动需求；"再现空间"是迁入居民社会空间融合发展的深层内涵，迁入居民以"空间再现"为基础，以"空间实践"为路径，在空间生产中结成生产关系、情感、精神纽带，催生迁入居民社会空间生产内生动力，反作用于空间实践活动，提升"空间再现"体验。因此，三元空间相互贯通，共同作用动迁安置社区社会空间生产，其生产过程表现出较强的循环因果积累效应。

本 章 小 结

本章通过三元空间辩证法，认识空间和空间生产理论的演变过程，分析动迁安置社区的空间生产过程。从社会经济学视角认识城市空间，城市空间不仅是实体空间（建筑和土地），更涉及城市社会生产关系（制度和组织），能够阐释和理解列斐伏尔指出的从"空间中生产"向"空间的生产"转变的实质。空间生产理论最早由列斐伏尔提出，并经由哈维、苏贾、福柯等进一步发展和应用，近年被引入中国，学者探讨了空间生产理论在中国城镇化建设中的适用性，并基于空间生产理论因地制宜开展中国化研究。

列斐伏尔将空间视为社会的产物，提出"物理的自然空间正在消失，但任何社会、任何生产方式都会生产出它自身的空间"。同时，他强调空间是被生产出来的，一旦出现一个生产过程，就将形成历史，并可以借助理论复制空间的生产过程，在此过程中区分抽象空间和社会空间，在抽象空间和社会空间的矛盾冲突中推动社会发展，不断催生新的空间生产关系，导致空间可以影响和塑造人类行为，空间同时能转变为人类行为构建的结果。福柯将话语—权力分析渗透到空间控制中，将工厂、医院、学校、监狱等一切社会组织都视为权力—知识空间，对人类行为空间施加束缚、规训和社会化力量。哈维将研究深入到时间和空间的社会方面，将空间视为自然事实，反对空间"自然化"。哈维认为，空间不单是一个有组织的社会巨系统，也是人类行为能动性和社会意义的体现，由此提出了空间实践的"网格"图示，即将空间划分为物质的空间实践（体验）、空间的表达（感知）和表达出来的空间（想象），发展了列斐伏尔的空间三元辩证法。苏贾提出他者化—第三空间，他认为"第一空间"是概念空间，"第二空间"是真实空间，"第三空间"无确切定性，但具有开放性、包容性和边缘性等特征，并总结和发展了列斐伏尔的空间性三元辩证法，坚持"空间性"的每一种方式，人类的空间性"维度"——物质、精神和社会——都要同时被视为真实的和想象的、具体的和抽象的、实在的和隐喻的，并将批判性思维贯穿整个空间生产过程，提出空间三元辩证组合，即空间实践（感知的空间）、空间的再现（构想的空间）和再现的空间（实际的空间）。

动迁安置社区的社会融入过程也是迁居主体的空间生产过程，迁居居民的"第一空间"生产在动迁安置项目中不断被丰富和发展。安置迁居居民的路径主要有两类：一类是改变居民居住空间和就业空间关系，主要通过新建安置区、增加生活基础设施、完善公共服务设施和建设多功能中心的动迁安置社区，将被征地农民和生态移民迁入安置区；另一类是拓展城市规模，改进交通系统，开展旧城改造和城市更新项目，从而提供更多就业岗位，完善城市教育体系，发展交通系统，缩短通勤时间，主要通过增加路网密度，发展公共交通，提高交通工具的换乘便利性，完善城市社区内部道路等举措实现。动迁安置社区"第二空间"生产以推动安置居民融入社会为首要目标，并有计划、有层次分步完成，主要通过推动集体经济转型改制、理顺社区组织管理架构、积极培育社区社会资本和推动公共服务均等供给等目标路径，最终促进动迁安置社区居民市民化。动迁安置社区"第三空间"介于"第一空间"和"第二空间"的互动交流过程中，在

"第三空间"中，居民不断感悟和反思日常生活、行为习惯，感知时间和空间，进而开始质疑动迁安置项目对空间生产水平提升的效用，并指出城市建设和社区管理中的不足，不断发现城市规划和社区管理的新问题，推动新的城市规划实施、社区管理体系的完善。"第三空间"呈现出城市建设和动迁安置社区空间生产关系的矛盾，这些矛盾具有历史性和社会性。动迁安置社区空间生产关系的历史性和社会性特征为城市规划师提供了新的空间感知和表达方法，并在多元主体博弈中，促使政府、城市规划师和居民在诸多矛盾中寻求动迁安置社区空间生产关系的平衡点，探索解决路径。本章梳理发现，恰是"第三空间"的存在，诠释了动迁安置社区"第一空间"和"第二空间"变化的缘由，三元空间的螺旋式循环，使城市规划和动迁安置社区在不断变化中向前发展。

第三章　动迁安置社区空间生产机理

　　梳理动迁安置社区的空间生产机理，能够实现对此类社区空间生产形态与过程的演绎，对于深刻掌握动迁安置社区的空间生产内涵，进而加强和创新社会治理工作具有重要意义。动迁安置社区的空间生产机理是社区空间生产系统的内部运行及内外部系统间进行物质、能量和信息交换的表征或结果。根据系统内外部不同的生产环境，可将社区空间生产分为社区外部地方政府权力与多元化资本影响的宏观空间生产和社区内部居民之间社会关系塑造的微观空间生产。

第一节　动迁安置社区空间生产机理及解析框架

一、解析框架

　　机理是指一定的系统结构中，各要素的内在工作方式以及诸要素在一定环境下相互联系、相互作用的运行规则和原理。从其概念分析，机理包括形成要素和形成要素之间的关系两个方面。由此，空间生产机理即把空间视作系统，研究参与空间生产的各要素之间的相互联系与作用，完成空间生产形态与过程的演绎。

　　空间生产理论是分析社会空间问题的重要工具，借助空间生产理论，可对不同社会空间中的社会关系变迁进行有效的解读。正如列斐伏尔所言，"空间结构和社会关系本质上是辩证统一的，空间不仅仅是一个容纳各种社会互动的容器，还是物理空间、历史遗产、象征意义和生活经验的结合体，是由各种力量生产而成的"，不同的利益群体都试图将各自的关系力量镌刻到空间上，形成有利于自身利益的空间关系。对新马克思主义者而言，资本积累、政治权力与社会基础是其理解空间生产和空间社会关系的基本出发点，为探析社区空间关系异化的生成机理提供了有效的分析框架。

空间三元辩证法是列斐伏尔空间生产理论最主要的方法论（见表3-1），指空间在空间生产的过程中依照特定的逻辑进行自身的再生产：空间的表征（Representation of Spaces），类似于马克思的生产关系、上层建筑等概念，是空间的概念化，即权力、知识等统治元素所建构的空间秩序；表征的空间（Spaces of Representation），是复杂的、被规训的空间，同时也是对抗空间，包括被规训者的感知、体验与想象，既是"空间的表征"的对立，也是对"空间的表征"的超越；空间实践（Spatial Practices），是权力在空间中的物质性实践活动，通过空间实践，使空间与空间中的生产关系的联系得到加强。此外，三个空间之间具有辩证关系：分别使用"第一空间""第二空间""第三空间"代表"空间的实践""空间的表征"和"表征的空间"，"第一空间"是产生"第二空间"的基础，反之也被"第二空间"的秩序控制，对"第二空间"秩序的构想通过实践影响着"第一空间"的形态。"第一空间"渗透在"第三空间"中，"第三空间"又会以日常生活中不断出现的新矛盾和新形式抵抗或超越"第一空间"的实践和"第二空间"的支配。"第二空间"的观念渗透在"第三空间"中，部分影响着生活空间，"第三空间"中不断涌现的新观念，持续反对着"第二空间"的既有观念。按照相关学者的表述，"第三空间"的角色就是不断地与"第一空间"和"第二空间"发生冲突，从而逼迫人们改变"第一空间"的实践方式，进而建构新的"第二空间"的观念模式。"空间的实践—空间的表征—表征的空间"强调了"社会—历史—空间"三者之间的辩证统一关系，既分别呈现了社会空间与物质空间、实践空间与精神空间等的组织形式，更体现了空间生产连续性、回溯性的进步过程，有助于我们探索更多的可能性，寻找优化发展的方向。

表 3-1 列斐伏尔的空间三元辩证法

空间三元	核心思想
空间实践	在实践中感知的空间，具有一定的空间特性，聚焦真实的、客观的物质世界，来源于人与空间的直接沟通
空间的表征	是概念化的、想象和抽象的空间，是在感知空间的基础上，在脑海中所构想出来的认知空间，它包括各种符号、代码、知识，是任何社会中占统治地位的空间，通常与权利和秩序相关
表征的空间	是被直接"生活"出来的空间，是使用者在场所中"生活"出来的社会关系，既将真实空间与想象空间联系起来，又超越真实与想象的二元对立，是物质与精神、具象与抽象、过去与现在、我者与他者、宏观与微观、真实与想象的对立统一空间

从原有物质空间的瓦解到新的物质空间的构建、从原有社会关系网络的改变到新的社会关系网络的建立，动迁安置社区的空间生产过程体现着多种社会关系的变迁。其中，政府、资本、居民等作为空间生产的主体，在空间生产过程中形成了"三元辩证法"所表述的"空间实践""空间的表征"和"表征的空间"。因此，借鉴列斐伏尔的"三元辩证法"可以系统梳理动迁安置社区空间生产过程的脉络特征。

二、社区空间生产机理的总体解析

借助空间生产理论以及"三元辩证法"，可对被动迁居嵌入型社区空间生产过程中物质空间生产的变化和社会关系的变迁进行有效解读。对于较稳定的社区，其社区空间生产由稳定的社区微观空间生产和社区宏观空间生产构成，如图3-1所示。在社区宏观空间生产中，政府、资本和社区共同参与社会空间生产，各自进行空间的实践并在实践过程中相互作用，产生各自的生产空间。由此形成稳定的社会生产关系，进而表现为宏观层面相对稳定的空间的表征和表征的空间。同样地，在社区微观空间生产中也存在着相对稳定的空间的表征和表征的空间，其微观层面稳定的空间实践由居委会、物业和居民共同参与、相互作用，并形成各自的稳定的生产空间。稳定的社区空间生产并非是静态的，而是动态的空间生产过程，也在不断地进行空间生产，时刻存在着社会关系之间的冲突和生产空间之间的博弈。但在整个稳定的空间系统中，内部的冲突与博弈可以被系统调解与优化，从而使社区的空间生产整体保持相对稳定的状态。

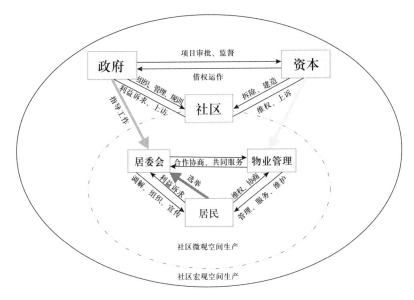

图3-1　社区的空间生产机理

这种空间生产的相对稳定并非永恒不变。由于社区空间生产的各主体和子空间之间相互作用，所以当任意空间生产主体的空间实践发生较大变化时，都会引起该主体生产空间的较大变化，具体表现为空间的膨胀或缩小，进而引起其他主体及生产空间的变化，最终导致社区空间的表征和表征的空间发生改变。此时的空间生产过程中，可能会发生新生产主体的加入或者原有生产主体的退出，相应的生产空间也会产生或消亡。这种大变化在持续一定的时段后，最终会重新恢复相对稳定的空间生产状态，但此时的空间生产和最初稳定的空间生产是完全不同的两种空间生产，空间生产主体、生产空间、生产关系等均发生了变化。

三、社区宏观空间生产机理

社区的宏观空间生产是以居民为代表的社区内部力量与社区外部对象（政府、资本）相互作用的空间生产过程。在这一过程中，三方作为社区宏观空间生产的参与者各自进行着空间生产实践，并在实践过程中生产出各自特有的空间形式，最终在社区宏观生产面上表征为政治空间、资本空间、居住者空间三种空间相互作用的空间形式。这三种空间各自出于自身利益进行空间的再生产，不断发生相互作用和空间争夺的博弈，形成被征地农民安置型社区的宏观空间生产形式，如图3-2所示。

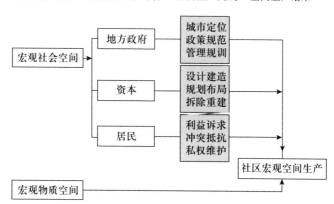

图3-2　社区宏观空间生产概念框架

（一）政府的空间干预

列斐伏尔的空间生产理论认为，空间是国家首要的政治工具。政府的空间干预是指地方政府作为城市的管理者，出于对经济利益、政治稳定与民众生活等的全面考量，以及城市社会的整合需要，对社区空间生产进行干预，以确保国家对地方的管控。这种以政府权力为主体对社区的管理和控制，是一种空间的生产实践，进而可以产生出一种管理空间，或称为政治空间。地方政府进行社区空间实践的方式主要是在确定城市功能定位的前提下，通过制定积极的土地利用政策，对被征地农民的安置进行引导和规范，以保障被征地农民安置型社区的投资建成、被征地农民的搬迁入住、被征地农民的后续补偿及保障等被征地农民安置的完整过程的顺利进行。在这一空间实践过程中，地方政府不免与其他社区空间的参与者相互作用，政府对以开发商为代表的资本参与者进行项目的审批与监督，对以被征地农民为代表的居住者进行组织、管理与规训等。

（二）资本的空间扩张

列斐伏尔认为，资本运作的内在逻辑即通过对空间的占据进行空间的再生产，以保证资本的运行。空间是资本最好的投资场所，在被征地农民安置型社区的空间生产过程中，以开发商为代表的资本扮演着十分重要的角色。不仅在社区物质空间形态的设计建造、规划布局等方面起着决定性作用，而且在对被征地农民原住地的拆除和重建的工作中贡献了重要力量。其余资本代表如物业管理公司对社区空间生产的植入等，也在社区空间生产中发挥着不可忽视的作用。因此，在以资本为主体的空间实践中，社区的宏观空间生产产生了一种新的空间形式，即资本空间。资本空间与其他参与者相互作用，资本借助政府审批的权力进行社区建设等方面的运作，对社区居民则以自身利益优先，补偿安置为主。

（三）被征地农民的空间诉求

在被征地农民安置社区的空间生产过程中，被征地农民作为社区的居住者，往往成为被组织、被规范、被管理、被安置的对象，是社区空间生产实践过程中的被动主体。在这一系列"被动"的过程中，被征地农民自身的诉求往往容易被忽视，并且由于被征地农民各自代表自身的利益，其利益共同体的力量较为分散，因此难以在社区空间生产过程中形成较强的空间话语权，所形成的居住者空间也比其他空间弱。但被征地农民也可通过自身的方式进行空间实践，其在这一过程中自然而然地和其他参与者发生相互作用：被征地农民通过对政府上访等形式进行利益诉求，通过沟通、上诉等行动向与资本产生的冲突进行对抗和私权维护。

四、社区微观空间生产机理

社区的微观空间生产往往容易被研究者忽视，社会关系的变迁并不局限于宏观的社会变迁中，如果不局限于具体的空间性质与类型，社区内部被征地农民身份转换、空间变迁及空间融入的过程也是社会关系变化的空间生产过程。相较于社区宏观空间生产而言，这种社区内部的空间生产范围更小、更为集中，因此定义为社区微观空间生产。社区微观空间生产实践主要由以居住者、物业管理者和居委会为代表的利益主体共同参与，这一空间生产实践产生了居住空间、物业管理空间和居委会管理空间，一定意义上可以称为微观居住空间、微观资本空间和微观政治空间。不同于社区宏观空间生产层面的空间博弈，微观层面的三种空间以居住者空间为主体，三者相互作用、相互融合，共同构成社区微观空间生产，如图3-3所示。

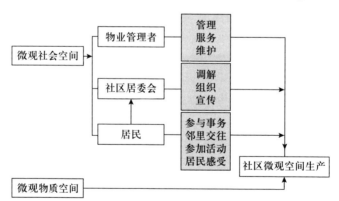

图3-3　社区微观空间生产概念框架

（一）社区居住者

不同于社区宏观空间生产中的"被动"角色，被征地农民作为社区居住者，是社区微观空间生产的第一主体。在社区微观空间生产层面，居住者赋予社区空间极大的生命力，也可以认为，社区全部的微观空间生产实

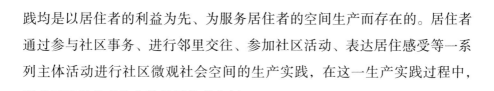

践均是以居住者的利益为先、为服务居住者的空间生产而存在的。居住者通过参与社区事务、进行邻里交往、参加社区活动、表达居住感受等一系列主体活动进行社区微观社会空间的生产实践，在这一生产实践过程中，形成了以居住者为主体的居住者空间。

（二）物业管理者

物业管理者是社区居民为实现对社区内部物质空间的共同管理所委托的物业服务企业。物业管理者进行社区微观空间生产的具体实践活动，包括社区公用设施的维护、社区绿化、社区卫生管理、社区交通管理、社区环境容貌管理等项目，在这一系列空间实践过程中产生了社区物业管理空间。但物业管理者自身的性质是资本性质，因此，物业管理空间是资本空间在社区微观空间的渗透和植入，也可称为微观资本空间。

（三）社区居委会

社区居委会是由社区居民选举产生、政府指导支持的社区居民的自治组织。居委会参与社区微观空间生产实践的方式主要有调解居民纠纷、做好社区内宣传工作、开展社区服务活动、协助人民政府或者其派出机关做好与居民利益有关的工作、向人民政府或者其派出机关反映居民的意见和建议等。这一空间实践过程便产生了居委会管理空间。同时，居委会自身产生的方式体现了居住者空间对居委会空间的渗透和植入，居委会空间生产实践的方式体现了政治空间的渗透和植入，是微观政治空间的体现。因此，居委会管理空间本身是多空间交织后再生产的空间产物，体现着空间生产的复杂性。

第二节　动迁安置社区基本类型

本书将被动迁居嵌入型社区分为被征地农民安置社区、生态移民安置社区和旧城改造安置社区三类，在区分三类被动迁居嵌入型社区的基础上，借助列斐伏尔空间生产理论中的"三元一体"理论对三类社区分别进行空间生产过程机理的梳理，描述出不同类型空间的生产机制和逻辑，并据此给出被动迁居嵌入型社区的综合治理对策，以期为相关研究提供参考。

一、划分社区类型的依据及方法

（一）社区

"社区"一词源于拉丁语，意指"亲密的伙伴关系"和"共同的东西"。国内学术界关于"社区"概念的研究，是由费孝通教授开启的，他在《二十年来之中国社区研究》一文中将英文单词"Community"翻译成"社"和"区"的结合后，"社区"一词便逐渐被大家沿用下来。

费孝通教授认为的社区是"一定范围内的社会"。郑杭生继承并发展了费孝通教授的观点，认为社区是由具有社会互动关系和共同文化联系的群体及其活动的区域组成的。在此基础上，史柏年将社区定义为一定地域范围内的、具有共同利益和需求的成员，在频繁的社会交往互动中产生自然情感联系和心理认同的生活共同体。

上述有关社区的定义比较趋于学术上的定义，和我国开展的社区建设中所用的"社区"概念有一定的区别。我国官方最早在国家治理层面上引用"社区"概念始于 20 世纪 80 年代，民政部使用"社区"一词，并将其概念引入城市管理中，指出社区是一定地域范围内的人们聚集在一起所组成的社会生活共同体。

著名地理学家陈传康先生将社区定义为"人类社会活动联系地域的基本单元"。

（二）社区的特征

改革开放后，我国的农村社区、城镇社区、城市社区越来越受到党和政府以及社会各界的重视，有关社区的研究也日益引起人们的关注。对社区进行类型划分应把握社区的特征：

一是社区的地域性，即社区形态均存在于一定的地域空间中。从地理学的角度出发，具体研究社区的区位、分布形态、空间类型、内部特征、结构演变的动力因素及模式，以及人地关系变化对社区发展建设的影响等。从社会学角度看，社区中的区不单指纯粹的自然地区，还是一个人文空间，是社区居民群众的社会心理空间，是人类活动的地理区域和社会心理维系空间的融合。

二是社区的存在离不开一定的人群。人口数量、素质、具体构成、职业特征、文化背景、民族状况和集聚的疏密程度等，都是考察社区人群的重要方面。

三是社区具有共同性，即社区居民具有共同的意识和利益，同一社区的居民往往面临共同的社会问题，具有共同的社会需要，所以结合起来进行合作生产和其他社会活动。在这个过程中，产生了某种共同的行为规范、生活方式和社区意识。同时，社区生活的共同性还在于，社区居民长此以往形成了共同的社区传统文化。特别地，地域型社区居民的认同感和归属感等社区意识，形成了社区实体特有的内聚力，并成为社区居民相互联系的重要纽带。不同地域的社区会有不同的社区文化形态。

四是社区的互动性，即社区中人们的交往与互动。这一特性也是社区特征的核心内容，社区是一个微小的社会，人与人之间的社会关系是具体的、密切的，人们在社区中生活，相互之间的社会互动较多，人们共同生活在同一个社区中，相互的协调需要社区成员积极的往来、沟通与互动，才能形成一个良性的运行过程，才能为本社区的发展和功能的体现创造条件。

（三）社区类型划分依据

在了解社区一般特征的基础上划分社区类型，可以从多种角度出发。徐永祥（2000）认为，社区类型划分有两种方法：一种方法是地域型社区划分法，这也是最常见、最通用的划分方法，主要根据地域条件和特征去比较、划分社的类型，据此，社区一般可划分为农村社区、集镇社区和城市社区三种类型（见图3-4）；另一种方法是功能型社区划分法，这种方法被"二战"以后的一些欧美学者以及当今我国部分学者广泛采用，其主要特点是注重或强调社区的某些功能性特征，如经济功能、社会功能、文化功能，从而将社区划分为经济型社区、文化型社区、旅游型社区等。除以上两种主要方法之外，陈忠祥等（2007）还提到其他一些划分方法，如"文化区分法"把社区划分为富人区、贫民区，黑人区、白人区等。20世纪90年代农民工潮的扩展，在城乡接合部出现了所谓"浙江村""四川村"等人口聚集区，这显然是一种文化区分。此外，"社会变迁区分法"则是从历史进程的角度把社区划分成传统型社区、新兴社区、现代型社区等。可以看出，空间、功能、文化等要素是主要的划分标准。

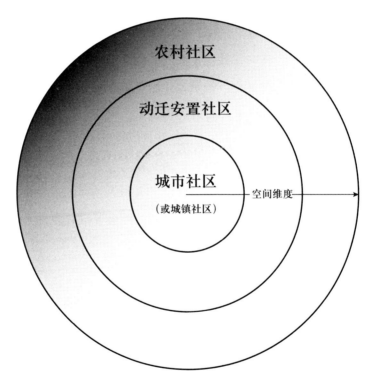

图3-4 城市化进程中的社区分类

动迁安置社区指因城市规划、土地开发等原因进行拆迁，而安置给被拆迁人或承租人居住使用的社区，因为其安置对象是特定的动迁安置户，所以该类社区的房屋除受法律、法规的规范外，还受到相关的地方政策的约束。依照空间要素，此类社区是在城市化进程中，介于农村社区与城市社区的一类新型社区，它们往往位于旧城区、城乡接合部、城郊等地。依照功能要素看，这类社区是政府进行城市道路建设和其他公共设施建设项目时，对被拆迁住户进行安置所建的房屋。安置的对象是城市居民被拆迁户，也包括征地拆迁房屋的农户。随着城市建设发展步伐的进一步加快，政府尽可能地新建更多的安置房，不断满足拆迁户的需求已迫在眉睫。依照文化要素，动迁安置社区正处于"乡—城"转型的过程中，居民生活习惯、思想观念等方面相较原本固有的模式发生了较大的转变，乡土性与城市化之间的交集、碰撞普遍存在，因此，该类社区中市民文化、市民意识的培养，成为社区文化建设的主旋律，社区融入与融合文化的建设更受重视。

二、动迁安置社区类型及其特征

根据动迁安置社区居住人群的不同，动迁安置社区可进一步划分为生态移民安置社区、被征地农民安置社区和旧城改造安置社区三种类型，三类社区虽因居民特点不同、形成原因不同而具有差别，但有一个共同的特性，即都属于安置社区。农民安置社区是我国城市化进程中的特殊产物，是政府对被征地农民补偿安置形式中的一种。目前，学术界对于农民安置社区没有统一的定义，有的学者将这类社区称为农转非社区或者农转居社区，也有的称为农民还建小区，说法不一。从其类型上说，根据社区所在的城乡区位，有学者将安置社区分为"旧城改造、棚户区改造"中的回迁安置房，城市扩展、城市基建规划中的拆迁安置房，土地整治和新农村建设中的农村安置房三种类型。

（一）生态移民安置社区

李克强曾说："扶贫是衡量社会公平、民生福祉的温度计"，生态移民（Eco-migration）指原居住地生态脆弱或自然环境条件恶劣、基本不具备人类生存条件的人口，搬离原住地重新定居的迁移行为。依据生态移民的原因，生态移民可分为环境移民、扶贫移民、灾害移民和生态难民等类型，相应的安置模式主要有集中安置、分散安置和外迁安置三种。生态移民安置社区是政府实行生态移民工程时，针对扶贫移民和生态难民的集中安置问题而投资建造的社区。如贵州一些沙漠化面积广、等级齐、程度深、危害大，人口资源环境承载力低的地方，扶贫生态移民工程对不具备基本生存条件地区的贫困人口实施，对解决社会贫困的问题有很大的帮助，有助于解决山区群众基本的生存条件的改善和解决移民发展困境的难题，使其彻底地拔掉穷根，减轻需要迁出地方的生态环境压力，有效地治理恶化的生态环境趋势，促进生态环境的良性循环，对生态的恢复、建设和保护有积极的作用。

第一，生态移民安置社区和其他移民社区一样，都有一个相对稳定、相对独立的地理空间，不管其规模大小都存在于一定的地理空间中。

第二，生态移民安置社区都有以特定关系为纽带形成的一定数量的人口，具有一般移民社区的共性，即由于国家政策或其他主导力量因素影响迁出原来的居住地，搬迁至现居住地并开始长期的定居。

第三，生活于该领域的人们具有一种地缘上的归属感，即移民原有社会关系、价值认同等的改变与破裂，从而在新建立的社会关系与利益群体等形成的心理、文化上的认同感。

第四，相对于自愿性与自发性移民而言，生态移民与之有很大的不同，它是出于自然环境恶劣，生存困难的地区，而在当地又不具备就地扶贫的条件，所以在政府和其他组织的协调下，将当地人民整体迁出，安置在其他地方定居而进行的人口迁移，是基于扶贫、脱贫的目的而进行的移民，是由政府主导的计划性移民，由此而形成的扶贫生态移民社区，主要面临的问题是移民的整合及后续发展等的问题。

（二）被征地农民安置社区

在城市化建设的过程中，城市边缘区作为城市空间扩张的主要地域，大量农村土地被征收，农民失去了赖以生存的土地和原有的生活方式，被迫城市化，成为被征地农民。从各地对被征地农民的安置情况看，被征地农民大多被安置在政府规划兴建的社区，即被征地农民安置型社区。被征地农民安置型社区处于农村社区向城市社区过渡的中间阶段，农民逐步市民化。自工业化进程以来，城市化更加迅速，农村土地被征用也是常态化。估算2020年我国被征地农民的总量将超过1亿人以上。

现有研究对"失地农业安置社区"并没有统一的概念，关于这一类社区的概念定义主要有三种类型：

第一类被称为"农转非""农转居"社区。它们形成的原因主要是政府快速推进城市化，大量征用农村土地。政府为了安置被征地农民，成立了新的农民集中居住区社区，农民农业户口转为城市户口，政府为符合条件的人群购买了养老保险和医疗保险，这类被征地农民的生活得到了保障，生活方式也与城市居民不断接近。

第二类被称为"被征地农民社区"。这类城市社区居民由被征地农民构成的边缘型社区，这类社区早期的一些社区服务功能欠缺，管理不规范，基础设施不完善，政府投入不足，公共服务更多的受周边城镇的影响，但入住的被征地农民，在生活上还保持原来农村的习惯，比如在绿化带种菜、圈地养鸡等。后期兴建的一些农民集中安置区，生活设施配套和居住环境都参照商品房设计，从物质形态更接近城市社区。

第三类被称为"过渡型社区"。即将城市边缘的大规模拆迁安置小区归结为一种新型的"边缘社区"，为了更好地和原有城中村等"边缘社区"进行区分，将其称之为"过渡型社区"。这类社区的过渡性特征是中国特色城市化进程中社区变迁的一种过渡形态，既包含着城市社区的特点，又或多或少地保存着原来农村社区的特点，被征地农民完成了最初的市民化体验，却又经历着由城市化进程所带来的心理和生活方式的双重冲击。

以上三种类型具有一些明显的共同特点，即在城市化进程中，政府通过城市发展规划征用大量农村集体土地，农民丧失最基本生产生活资料，在集中安置区，他们的角色从农民变为城市居民，只是研究侧重点各有不同。本书侧重研究由政府统一规划建设，公共服务配套和服务功能较为完善，在集中安置区内集中了周边多个被征镇村的被征地农民社区的治理问题。

（三）旧城改造安置社区

旧城改造运动是城市现代化建设动力下的空间活动。中国的城市现代化建设中，部分变化缓慢的城区被割裂，并渐渐与蜕变迅速的城区脱节，进而脱离了城市现代化建设的节奏而被称为旧城区。旧城区经常是各种城市问题与冲突的交汇点，在一定程度上影响到整个城市的发展而成为城市现代化改造的重点。旧城改造是指局部或整体地、有步骤地改造和更新老城市的全部物质生活环境，以便根本改善其劳动、生活服务和休息等条件。城镇老旧小区改造是重大民生工程和发展工程，对满足人民群众美好生活需要、推动惠民生扩内需、推进城市更新和开发建设方式转型、促进经济高质量发展具有十分重要的意义。旧城改造是针对城区道路、路网、水电、通信等，局部或整体地、有步骤地改造和更新老城市的全部物质生活环境，并根本改善其消防、出行、生产、劳动、生活、服务和休息等条件。旧城改造的内容包括：更新或完善城市道路系统；更新或调整城市工业布局；改善城市环境，通过采取综合的相互联系的措施来净化大气和水体，减轻噪声污染，绿化并整顿开阔空间的利用状况等；改善城市居住环境并组织大规模的公共服务设施建设，把旧街坊改造成完整的居住区；改造城市规划结构，在其行政界线范围内实行合理的用地分区和城市用地的规划分区。旧城改造还需遵循以下原则：政府主导原则、以人为本和公众参与原则、规划指导原则、改造与保护兼顾原则、局部更新与分步实施原则、整体搬迁原则。

第一，全盘改造，以新换旧。包括改变城市的宏观布局与城市风格，接近于建一座新城，唯一不同的是建新城市全面铺开，而旧城改造是分局部完成的。

第二，保留旧城不动，仅进行局部维护与整修。选择附近区域建立辅城或卫星城以完善旧城的现代功能和维持城市的运转。

第三，不发展模式。维持旧城原样不变，只做局部维修。

第四，保留旧城形式与精髓，更换外表的材质，把破旧的"旧城"变为全新的"旧城"。对老旧建筑的拆除重建是旧城改造的主要方式，在此过程中，旧城区的原有居民的生活空间遭到破坏，因而被政府集中安置到城市的新建社区中，即旧城改造安置社区。此外，旧城改造是个不间断的过程，取决于城市的发展方向和速度。

第三节　生态移民安置社区空间生产协同机理

一、生态移民安置社区空间生产过程

按照生态移民的发展阶段，将生态移民安置社区的空间生产过程分为移民前、移民期和移民后三个阶段，如图 3-5 所示。具体空间生产过程为：

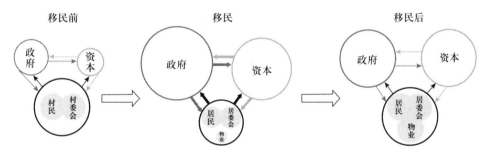

图 3-5　生态移民安置社区空间生产过程

（1）在"移民前"这一阶段，"相对稳定"是空间生产的主题。在微观层面，村民、村委会作为主体参与空间生产，由于长期的相互作用，二者的社会关系在空间上保持着相对平衡的状态，共同构成稳定的社区微观生产空间；在宏观层面，空间生产以政府、资本和社区为主体进行空间实践，政府和资本相对社区内部的空间生产而言，并非社区宏观生产的最主要的空间实践者，因而其各自占据的空间相较社区内部空间而言要小。又由于

生态移民"贫困"的特殊属性，政府总是给予此类社区更多的关注，相应的空间实践有所增加，因此，政府所占据的政治空间比资本空间大。

（2）在"生态移民"这一阶段，"冲突"是空间生产的主旋律。政府基于对移民迁出区的政治考虑，作为空间生产的主体率先发生空间实践的改变与生产空间的膨胀，从而引发了资本空间的膨胀和社区内部空间的缩小，政府一跃成为社区空间生产的第一主体，主导社区宏观空间生产活动。而在社区内部，村民和村委会的身份发生变化，转变为居民和居委会，其性质却并未发生同期的改变。并且在微观层面，新增加了物业管理这一空间生产主体，但由于村民和居委会长期共同作用结果的惯性，此时的物业管理并不能在空间生产上于二者进行相同水平的生产，因此，其占据的生产空间比二者小，且与二者的生产空间的关系较为疏远。总体来说，此阶段的各类空间都在不断地进行着空间再生产与空间上的博弈。

（3）在"移民后"这一阶段，"融合"是社区空间生产的关键词。此时的空间生产距上一阶段已有足够的时长，各空间生产主体之间均进行了较长时期的相互作用，其各自的空间也进行着彼此之间的融合。宏观层面上，随着移民生活的提高与改善，政府对移民安置社区的空间实践逐渐减少，资本实践也相应减少。政治空间、资本空间和社区内部空间在长期的空间争夺与博弈中逐步实现相对平衡。微观层面上，居民经过较长时期的适应，逐渐接受了物业管理的方式，居委会也找到了同物业管理的平衡点，三者最终实现社区微观空间生产的平衡。

总体看来，社区的空间生产最终又会重新回到"相对平衡"的状态，但此时的平衡态和移民前的平衡态已非同一概念。

二、空间的实践

（1）第一阶段中，在微观层面，空间生产以村民、村委会为主体进行空间实践。其中，村民空间实践总是围绕农田生计和日常生活展开的，村委会的空间实践是对村民内部偶有的摩擦冲突进行调解。整体的微观空间生产活动以村民生活空间为核心展开；在宏观层面上，政府出于对生态脆弱地区人口及贫困人口的关注，更多的空间实践是政策惠民与组织管理。资本几乎较少的参与空间生产。

（2）第二阶段中，宏观层面各空间生产主体的空间实践分别是：政府对生态移民安置社区进行组织、管理和规训，对社区内居民实施安置后的补贴、保障等措施，对资本进行项目审批与监督工作。资本一方面借政府权力进行运作，另一方面进行生态移民迁出区的拆除和迁入区的建造活动。社区居民为维护自身利益，一方面以上访的形式进行利益诉求，另一方面以上诉的形式进行私权的维护。在微观层面上，居民和居委会除了延续第一阶段中村民和村委会的空间实践外，新增加了与物业管理之间的适应与磨合。

（3）第三阶段中，宏观层面上，政府的空间实践逐渐减少，只保留基本的对居民的组织、管理工作，资本的空间实践也大量减少，仅剩社区的个别项目的投资建设。社区与二者之间的空间实践随之减少，仅余偶尔的利益诉求。微观层面上，各主体的生产实践得到丰富。居民更加频繁的社区内的活动和事务，对自身利益的诉求也有所提升。居委会除了调解居民偶发的冲突，还要进行组织和宣传工作。物业管理完善了自身业务范围，并与居委会和居民之间协商和沟通。

三、空间的表征

（1）第一阶段中，在微观层面上，村民和村委会在长期的空间生产中形成较稳定的空间生产关系，彼此之间有较为对等的话语权，并未形成"规训—反规训"的对立局面；宏观层面上，政府虽对村民有组织和管理的空间实践，并在政府和社区之间存在"管理—被管理"的关系，但这种对立关系是一种柔和的、非对抗式的对立。

（2）第二阶段中，微观层面上空间的表征由居民和居委会相对平等的社会关系转变为居民和居委会二者相对物业管理较高的话语空间；宏观层面上，政府和社区之间、资本和社区之间均形成了"规训—反规训"的对立冲突局面，且政府和资本在一定程度上对居民的生产空间进行了剥夺并主导社区的空间生产。

（3）第三阶段中，各空间生产主体之间相互制约、相对平衡。

四、表征的实践

（1）第一阶段中，由于村民和村委会之间以及社区和政府之间并未形成严峻的对立局面，表征的空间可被理解为村民生活的空间以及村民对生活空间的感知。大部分村民长期生活在这一社区中，生活方式基本成为定式，对社区的归属感和认同感较高。

（2）第二阶段中，居民处在被规训且同质性较强的空间中，生活在强者的秩序之下，其日常生活充斥着空间强者的符号。

（3）第三阶段中，居民所处空间中的强者秩序逐渐消失，空间强者的符号也随之消逝，居民越来越关注对理想生活和民意化的空间的追求。

第四节　被征地农民安置社区空间生产协同机理

一、被征地农民安置社区空间生产过程

按照被征地农民变迁过程的发展阶段，将被征地农民安置社区的空间生产过程分为搬迁前、搬迁期和搬迁后三个阶段如图3-6所示。

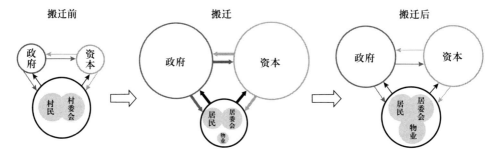

图3-6　被征地农民安置社区空间生产过程

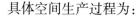

具体空间生产过程为：

（1）在"搬迁前"这一阶段，"相对稳定"是空间生产的主题。在微观层面，与生态移民安置社区相同，即村民、村委会作为主体参与空间生产，由于长期的相互作用，二者的社会关系在空间上保持着相对平衡的状态，共同构成稳定的社区微观生产空间；在宏观层面，空间生产以政府、资本和社区为主体进行空间实践，且政府和资本各自占据的空间相较社区内部生产空间而言要小。与生态移民安置社区不同的是，政府并未像关注生态移民那样大量地进行空间实践，因此政府所占据的政治空间与资本空间大体相同。

（2）在"搬迁安置"这一阶段，"冲突"是空间生产的主旋律。政府协同资本率先对村民实行土地的征用活动，并作为空间生产的主体率先发生政治生产空间和资本生产空间的膨胀，从而引发了社区内部生产空间的缩小，政府和资本成为社区空间生产的最大主体，主导社区宏观空间生产活动。而在社区内部，此阶段被征地农民安置社区的微观空间生产与被征地农民安置社区第二阶段的微观空间生产表现一致，即村民和村委会的身份发生变化，转变为居民和居委会，其性质却并未发生同期的改变。并且在微观层面，新增加了物业管理这一空间生产主体，但由于村民和居委会长期共同作用结果的惯性，此时的物业管理并不能在空间生产上与二者进行相同水平的生产，因此，其占据的生产空间比二者小，且与二者的生产空间的关系较为疏远。总体来说，此阶段的各类空间也在不断地进行着空间再生产与空间上的博弈。

（3）在"搬迁后"这一阶段，"融合"同样是社区空间生产的关键词。此时的空间生产距上一阶段已有足够的时长，各空间生产主体之间均进行了较长时期的相互作用，其各自的空间也进行着彼此之间的融合。宏观层面上，随着移民生活的提高与改善，政府和资本对移民安置社区的空间实践逐渐减少。政治空间、资本空间和社区内部空间在长期的空间争夺与博弈中逐步实现相对平衡。微观层面上，居民经过较长时期的适应，逐渐接受了物业管理的方式，居委会也找到了同物业管理的平衡点，三者最终实现了社区微观空间生产的平衡。此时的空间生产最终也将实现相对的平衡状态。其与搬迁前的平衡态也非同一概念。

二、空间的实践

被征地农民安置社区的空间生产实践与生态移民安置社区各一阶段的空间生产实践基本相同。唯一的区别是在宏观层面上，政府与资本的空间实践：

（1）第一阶段中，在宏观层面上，由于城市边缘区往往跟不上城市现代化建设的步伐，总是受到城市化快速发展的忽视，政治空间和资本空间主要集中在城市中心，政府和资本在城市边缘的空间生产实践都很少，其中，政府的空间实践为日常组织和管理，资本的空间实践是社区内个别的项目投资。

（2）第二阶段中，宏观层面各空间生产主体的空间实践分别是：政府对被征地农民安置社区进行组织、管理和规训，对社区内居民实施安置后的补贴、保障等措施，对资本进行项目审批与监督工作。资本一方面借政府权力进行运作，另一方面进行生态移民迁出区的拆除和迁入区的建造活动。政企之间基本上是合作的形式，在社区空间生产中，二者拥有相对平等的对话空间。因此所占据的空间基本相等。

（3）第三阶段中，宏观层面上，资本和政府之间的空间实践大量减少，政府的空间实践逐渐减少，只保留基本的对居民的组织、管理工作，资本空间实践仅剩社区的个别项目的投资建设。但二者的生产空间相当。

三、空间的表征

和生态移民安置社区相同，微观层面上，被征地农民安置社区的空间生产过程的第二阶段新加入了物业管理这一新的空间实践主体，但并未影响各阶段村民和村委会之间平等稳定的社会关系，也未形成"规训—反规训"的对立局面；宏观层面上，同样在第二阶段中出现政府和资本共同与居民空间形成的"规训—反规训"的对立关系，话语空间并不均衡。但政府和资本之间的关系总保持着微妙的平衡状态。

四、表征的空间

在表征的空间上，被征地农民安置社区与生态移民安置社区大体性质相同，但具体的空间上，又依各自居民的不同体现出各自的独特性。

第五节 旧城改造安置社区空间生产协同机理

一、旧城改造安置社区空间生产过程

按照旧城改造过程的发展阶段，将旧城改造安置社区的空间生产过程分为改造前、改造期和改造后三个阶段，如图 3-7 所示。

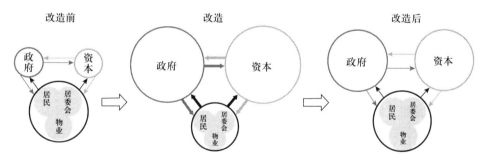

图 3-7 旧城改造安置社区空间生产过程

具体空间生产过程为：

（1）在"改造前"这一阶段，"相对稳定"是空间生产的主题。在宏观层面，与被征地农民安置社区相同；在微观层面，不同于被征地农民和生态移民经历了身份的变化，旧城改造居民原本就是"社区居民"的身份，居委会也是"社区居委会"，并且从一开始就有物业管理空间的分布，并与

居民空间和居委会空间相对均衡的存在。

（2）在"改造安置"这一阶段，"冲突"是空间生产的主旋律。政府协同资本率先对旧城居民的空间进行旧城改造等空间实践，并作为空间生产的主体率先发生政治生产空间和资本生产空间的膨胀，从而引发了社区内部生产空间的缩小，政府和资本成为社区空间生产的最大主体，主导社区宏观空间生产活动。而在社区内部，此阶段旧城改造安置社区的微观空间生产的三类主体以及各自的空间依然保持相对稳定且均衡的状态，各自有序地进行空间的生产与再生产。总体来说，此阶段的各类空间不断地进行着空间再生产与空间上的博弈。

（3）在"改造后"这一阶段，"融合"同样是社区空间生产的关键词。此时的空间生产最终将实现相对的平衡状态。其与改造前的平衡状态也非同一概念。

二、空间的实践

旧城改造安置社区的空间生产实践与生态移民安置社区各阶段的空间生产实践基本相同。唯一的区别是在微观层面上，居民、居委会和物业管理的空间实践。在三个阶段中，社区微观空间生产以居民、居委会和物业管理为主体进行空间实践。整体的微观空间生产活动以村民生活空间为核心进行展开，村民进行参与社区事务、邻里交往等空间实践，偶有矛盾便寻求居委会和物业管理的帮助。居委会和物业管理分工明确，居委会负责调解、组织和宣传，并代表居民向政府或外部其他空间主体表达居民利益诉求。物业管理主要参与社区的维护、管理和服务等工作。

三、空间的表征

宏观层面和被征地农民安置社区相同，在第二阶段的权力秩序较为明显，居民处于政治空间和资本空间的双重规训管理之下；微观层面上，各阶段居民、居委会和物业管理之间从未形成"规训—反规训"的对立局面，话语空间较为均衡。

四、表征的空间

旧城改造在社区的表征的空间与另外两类社区基本一致，但由于旧城社区空间生产的物质空间基础要比另外两类社区高，相应地，其社区空间生产的起点也要高于另外两类社区。因此，其表征的空间对空间的表征的对抗性要更加明显。

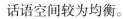

本 章 小 结

（1）动迁安置型社区的建设与发展是一个完整的三元辩证的空间生产过程，具体到三类社区的空间生产过程各不相同，但反映了动迁安置社区空间生产过程的共同特征：即"平衡—冲突—融合"的形式，最终都会生产出一个新的、更高水平的、复杂平衡生产空间。

（2）宏观层面上，三类社区中政治空间的生产水平各不相同，主要是由于三类社区的居民性质不同，进而引起政府的空间实践有所差异。但总的来说，政治空间总是空间生产中最先发生变化、打破原有空间平衡态的子空间，一定意义上是空间生产过程的原动力。资本在此类社区中的主动性不强，其空间实践依赖于政府的带动。

（3）微观层面上，三类社区空间生产的差别主要体现在对物业管理空间的接受程度。但无论如何，物业管理空间是城市社区中空间生产的重要组成部分，要嵌入城市空间、融入城市生活，必将最终接纳物业管理空间，达到与之较为平衡的状态。

第四章 动迁安置社区空间生产水平综合评价及影响因子分析

第一节 案例区概况及数据来源

一、案例区概况

为探究动迁安置社区空间生产能力，本书以宁夏银川的被征地农民安置社区为典型，通过构建测量评价指标等手段，计算出社区微观空间生产水平值，以期为空间生产理论的相关研究提供参考。

随着工业化、城镇化快速发展，城市边缘区成为城市空间扩张的主要区域，大量土地被征收使农民被迫城市化。被征地农民大多被安置在政府规划兴建的社区，其身份也由农民转变为市民，生产生活空间发生了剧烈变化：一方面，生活环境等物质条件发生改变，形成新的物质空间；另一方面，被征地农民适应、参与和感知物质生活的社会过程催生了新的社会空间。从空间生产角度看，被征地农民再安置本身就是一个典型的空间生产过程，并且这一过程中产生的新物质空间和社会空间将会进行空间本身的再生产。因此，在被征地农民安置型社区，形成了由新的物质空间生产和社会空间生产共同构成的社区空间生产。

银川是宁夏首府、西北地区重要的中心城市，地域范围北纬37°29′~38°53′，东经 105°49′~106°53′，下辖兴庆区、金凤区、西夏区 3 个市辖区，贺兰县、永宁县及灵武市，本书中银川范围仅指市辖区。作为沿黄城市群核心城市以及丝绸之路节点城市，近年来在"大银川"思路的驱动下，银川进入城市化快速推进时期，城市快速扩张。从 2013 年开始，市政府投资建设被征地农民安置工程，以解决老城区城边村、城中村数万农民的居住生活条件，被征地农民安置社区在城市边缘区集中出现。截至 2020 年，银川常住人口城镇化率达到 78%，户籍人口城镇化率达到 70%。银川三区开展一系列旧区开发改造和扩容项目，大批农民的土地和房屋被征用拆迁，大量农村居民因此转变为被征地农民。众多的被征地农民安置社区成为学术研究的典型区域。

目前国内外有关空间生产水平的研究中，定性分析成果丰富，但定量分析成果较少，对社区微观空间生产和综合空间生产的成果更为罕见。然而，社区空间生产是一个连续性的过程，通过"平衡—冲突—融合"的形式，向产出一个新的、更高水平的、复杂平衡生产空间变迁。在此过程中，将空间生产水平定量化，判断此时空间生产水平的高低及阶段，不仅能够反映社区物质空间和社会空间，即社区环境、设施、场所等物理空间和社区交往、情感、融入等的综合表现力，从综合空间生产水平中更能看出此类社区在社区发展、城市融入等方面的状态及前景，还能够为新时代社区治理提供很好的决策依据。因此，本书特选取银川三区 9 个被征地农民安置区为研究对象（见图 4-1、图 4-2），进行微观社区空间生产的研究。

二、数据来源

本书数据主要来源于问卷调查，通过分层抽样和随机抽样法走访银川市西夏区、兴庆区、金凤区 9 个被征地农民安置社区。发放调查问卷 800 份，回收 800 份，其中有效问卷 774 份，问卷有效率为 96.75%。问卷的设计主要采用李克特量表作为测评每一项指标的评价尺度，设为非常不满意、不满意、一般、满意、非常满意五个满意程度，分别赋予 1、2、3、4、

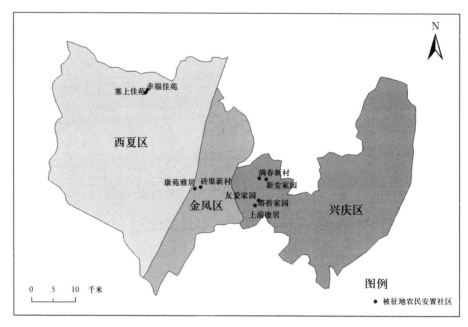

图 4-1　研究对象分布图

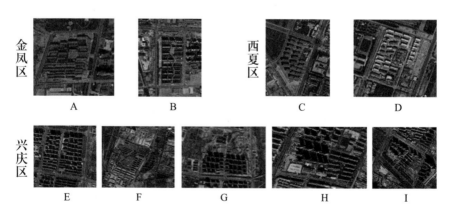

A. 康苑雅居　B. 砖渠新村　C. 塞上佳苑　D. 幸福佳苑

E. 满春新村　F. 上前康居　G. 新安家园　H. 塔桥家园　I. 友爱家园

图 4-2　研究区概况图

5分。为保证问卷的可靠性，对问卷进行信度分析。克隆巴赫（Cronbach）Alpha 信度系数法适用于态度、意见式问卷的信度分析，可操作性强，是最常用的信度系数，其公式如下：

$$\alpha = \frac{kr}{1 + (k-1)r} \qquad （4-1）$$

式中，k 为调查问卷中项目总数；r 为 k 个项目相关系数均值。Alpha系数值在 0 与 1 之间，越接近 1，信度越高。一般认为：信度系数 ≥ 0.8，为高信度；信度系数 ≥ 0.7，为较高信度；0.65 ≤ 信度系数 < 0.7，为最小可接受范围。问卷的信度系数 >0.8，可信度较好。本书 0.86。

第二节　动迁安置社区空间生产水平综合评价

一、评价指标体系研究

（一）指标构建原则

为了使指标体系科学化、规范化，在构建指标体系时，应遵循以下原则：

第一，系统性原则。各指标之间要有一定的逻辑关系，它们不但要从不同的侧面反映出物质空间、社会空间子系统的主要特征和状态，而且还要反映空间生产系统之间的内在联系。每一个子系统由一组指标构成，各指标之间相互独立，又彼此联系，共同构成一个有机统一体。指标体系的构建具有层次性，自上而下，从宏观到微观层层深入，形成一个不可分割的评价体系。

第二，典型性原则。务必确保评价指标具有一定的典型代表性，尽可能准确反映出特定区域——银川动迁安置社区空间生产水平的综合特征，即使在减少指标数量的情况下，也要便于数据计算和提高结果的可靠性。另外，评价指标体系的设置、权重在各指标间的分配及评价标准的划分都应该与银川动迁安置社区的实际情况相适应。

第三，简明科学性原则。各指标体系的设计及评价指标的选择必须以科学性为原则，能客观真实地反映银川动迁安置社区空间生产水平的特点和状况，能客观全面反映出各指标之间的真实关系。各评价指标应该具有典型代表性，不能过多过细，使指标过于烦琐，相互重叠，指标又不能过少过简，避免指标信息遗漏，出现错误、不真实现象，并且数据易获得且计算方法简明易懂。

第四，可比、可操作、可量化原则。指标选择上，特别注意在总体范围内的一致性，指标体系的构建是为区域政策制定和科学管理服务的，指标选取的计算量度和计算方法必须一致统一，各指标尽量简单明了、微观性强、便于收集，各指标应该要具有很强的现实可操作性和可比性。而且，选择指标时也要考虑能否进行定量处理，以便于进行数学计算和分析。

第五，综合性原则。在相应的评价层次上，全面考虑影响物质空间子系统和社会空间子系统的诸多因素，并进行综合分析和评价。

（二）指标构建

杨高和周春山（2019）从社区融合、社交融合、心理融合等6方面分析了"同乡村"的空间生产与社会融入；何艳冰、陈佳、黄晓军（2019）选取了物质环境满意度、生态环境满意度、社会保障水平等12个指标对被征地农民社区恢复力进行了测度。参考已有文献，从物质空间和社会空间两个维度，生活服务空间、健康舒适空间、管理保障空间、社区适应空间、社区参与空间和社区归属空间6个子空间构建空间生产指标体系（见表4-1）。物质空间和社会空间生产指标纷繁复杂，需要从众多指标中选择具有代表性的指标，即能反映物质与社会的核心指标。因此，在生活服务空间二级指标下，选取社区区位条件、学校等教育设施配套、商业服务设施配套、公共服务设施配套四个三级指标；在健康舒适空间二级指标下，选取社区空气质量、社区内部环境设计、社区内部环境卫生、休闲康体设施配套四个三级指标；在管理保障空间二级指标下，选取社区住房房价涨势、社区物业管理服务、社区居委会/村委会管理服务、社区治安状况四个三级指标；在社区适应空间二级指标下，选取对社区居住环境适应、对社区生活方式适应、社区邻里关系适应、社区管理服务适应四个三级指标；在社区参与空间二级指标下，选取对社区由来的了解、参与社区管理事务讨论、和邻里交往的意向程度、参与社区活动的意向程度四个三级指标；在社区归属空间二级指标下，选取社区对于居住者的亲切感、居住者对于社区的依恋感、对社区生活状态的总体满意感、对市民化的自我认同感四个三级指标。

表 4-1　指标体系

系统层	要素层	指标代码	指标
物质空间生产	生活服务空间	w1	社区区位条件
		w2	学校等教育设施配套
		w3	商业服务设施配套
		w4	公共服务设施配套
	健康舒适空间	w5	社区空气质量
		w6	社区内部环境设计
		w7	社区内部环境卫生
		w8	休闲康体设施配套
	管理保障空间	w9	社区住房房价涨势
		w10	社区物业管理服务
		w11	社区居委会/村委会管理服务
		w12	社区治安状况
社区空间生产	社区适应空间	s1	对社区居住环境适应
		s2	对社区生活方式适应
		s3	社区邻里关系适应
		s4	社区管理服务适应
	社区参与空间	s5	对社区由来的了解
		s6	参与社区管理事务讨论
		s7	和邻里交往的意向程度
		s8	参与社区活动的意向程度
	社区归属空间	s9	社区对于居住者的亲切感
		s10	居住者对于社区的依恋感
		s11	对社区生活状态的总体满意感
		s12	对市民化的自我认同感

二、评价方法

（一）数据标准化处理

若参与评价的评价单元共有 m 个，参与评价的指标类型共有 n 种，依照上述假设，则可以构建指标数据矩阵 $X=(x_{ij})_{m \times n}$，其中 x_{ij} 是第 i 个评价单元的第 j 项指标。本书采用极差标准化对数据进行无纲量化处理，消除差异量纲对数据的影响，采用离差标准化对原始数据经过无量纲处理，该方法可以有效消除量纲和数量级的影响，在对评价单元指标数据进行相应的处理后，将其值映射至 ［0，1］ 内。在保留了指标相对差异的前提下，实现不同指标类型的相对可比。公式如下：

$$\text{正向指标：} Z_{ij} = \frac{x_{ij} - \min(x_j)}{\max(x_j) - \min(x_j)} \tag{4-2}$$

$$\text{负向指标：} Z_{ij} = \frac{\max(x_j) - x_{ij}}{\max(x_j) - \min(x_j)} \tag{4-3}$$

式中，Z_{ij} 为第 i 个评价对象第 j 个评价指标的标准化指标值，x_{ij} 为对应的原始数据值。

（二）计算空间生产水平值

将标准化后的指标数据用 SPSS 软件进行主成分分析。主成分分析（Principal Component Analysis，PCA）或称主分量分析，是一种统计方法，也是数学上处理降维的一种方法。通过正交变换将一组可能存在相关性的变量转换为一组线性不相关的变量，转换后的这组变量叫主成分。主成分分析的原理是设法将原来变量重新组合成一组新的相互无关的几个综合变量，同时根据实际需要从中可以取出几个较少的总和变量尽可能多地反映原来变量的信息。主成分分析是设法将原来众多具有一定相关性（比如 P 个指标），重新组合成一组新的互相无关的综合指标来代替原来的指标。通常数学上的处理就是将原来 P 个指标作线性组合，作为新的综合指标。最经典的做法就是用 F1（选取的第一个线性组合，即第一个综合指标）的方差来表达，即 Va（rF1）越大，表示 F1 包含的信息越多。因此在所有的线性组合中选取的 F1 应该是方差最大的，故称 F1 为第一主成分。如果第一主成分不足以代表原来 P 个指标的信息，再考虑选取 F2，即选第二个线性组合，为了有效地反映原来信息，F1 已有的信息就不需要再出现在 F2 中，用数学语言表达就是要求 Cov（F1，F2）=0，则称 F2 为第二主成分，依此类推可以构造出第三、第四、……、第 P 个主成分。

通过主成分分析，得到相关矩阵的特征根和各指标的贡献率、累计贡献率。一般的累计贡献率大于 85% 的前 k 个成分已基本反映了原变量的主要信息。因此，选取前 k 个指标作为主成分。将标准化后的原始数据代入式（4-4）中，求得各主成分得分。

$$F_k = C_{k1}X_1 + C_{k2}X_2 + \cdots + C_{kp}X_p \qquad （4-4）$$

式中，C_{k1}，C_{k2}，…，C_{kp} 为第 k 个主成分的系数，X_1，X_2，…，X_p 为标准化后的指标值。然后根据各主成分的贡献率，利用式（4-5），计算系统综合得分，求得各年的系统综合评价指数。

$$F_i = \sum_{m=1}^{k} a_m F_{im} \qquad （4-5）$$

式中，F_i 为 i 年各评价对象（$i=1$，2，…，n）；a_m 为第 m 个主成分的贡献率（$m=1$，2，…，k）；F_{im} 为第 i 个评价对象的第 m 个主成分得分。

三、综合空间生产水平评价

银川三区 9 个被征地农民安置社区的空间生产水平总体较低。由于银川整体的经济水平较低且参差不齐，城市化发展较为初级，因此社区空间生产表现出整体较低的现象。而各社区水平参差不齐与其物质条件、居民感知情况有很大的关系。从综合空间生产水平来看，水平最高的是塔桥家园，水平最低的是上前康居，且两社区的空间生产水平差距较大，这是由于塔桥家园为新建被征地农民安置社区，于 2016 年交房并投入使用，整体条件好于早年建造的上前康居。9 个社区的物质空间生产水平均高于社会空间生产水平，平均物质空间生产水平为社会空间生产水平的 1.3 倍。这是由于农民搬迁安置之后，虽物质空间生产水平与原来相比有所提高，但移民搬迁还有一系列亟待解决的问题，例如被征地农民再就业等。这些问题短期内难以解决，加之居民新空间的融入等，使社会空间水平与物质空间水平相对脱节。塔桥家园的两层面的空间生产水平差距最大，达 1.7 倍，这是由于塔桥家园的居民大多为新搬迁入住的被征地农民，在新社区空间的适应度不高，因而社会空间生产水平低，与物质空间生产水平差距大。差距最小的是上前康居，这是由于上前康居于 2004 年交房并投入使用，由于长期使用，其房屋设施老旧，物质空间的生产水平很低。但居民对社区的适应度、依恋度较高，融入较好，因此其社会空间生产水平有所提高。然而，上前康居的物质空间生产和社会空间生产所表现出的一致性是低水平的一致性，是低层次的协调。从各社区物质空间生产和社会空间生产水平之间的内部差距来看，物质空间生产水平的内部差距较大。这是因为各社区由于投资建设及使用年限等客观条件不同，物质空间生产水平有较大的差异。社会空间生产之间的内部差距则相对较小，主要是由于居民入住后情感调整较好以及政府等部门后续保障力度较大。如表 4-2 所示。

表 4-2　综合空间生产水平

社区	物质空间生产	排名	社会空间生产	排名	综合空间生产	排名
塔桥家园	0.575895	1	0.339526	2	0.915421	1
砖渠新村	0.525669	2	0.366478	1	0.892146	2
幸福佳苑	0.521167	4	0.33277	3	0.853937	3
塞上佳苑	0.525448	3	0.322905	4	0.848353	4
满春新村	0.479311	5	0.311063	6	0.790374	5
友爱家园	0.465264	6	0.312566	5	0.77783	6
康苑雅居	0.423623	8	0.304385	7	0.728008	7
新安家园	0.441757	7	0.276172	9	0.717929	8
上前康居	0.38389	9	0.301792	8	0.685682	9

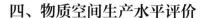

四、物质空间生产水平评价

物质空间生产水平最高的是塔桥家园，水平最低的是上前康居。这是因为塔桥家园是 2016 年交房使用的安置社区，住房较新、配套设施齐全，而上前康居自 2004 年来已经交付使用，住房等建筑设施陈旧。从三个子空间水平看，生活服务空间生产水平最高，约占物质空间生产水平的 48%。这是由于政府在被征地农民安置社区建设前的选址工作考虑较为全面，各安置区交通便利，教育、医疗、商服等配套齐全。健康舒适空间生产水平次之，约占 29%。说明社区内部在环境卫生、空气质量、康体设施等方面仍有待改善。管理保障空间生产水平最低，约占 23%（见表 4-3）。说明社区内物业及居委会的管理服务工作仍待继续加强。从各子空间的内部差异看，生活服务空间内部差距最小，管理保障空间内部差距最大。这些差异直观地反映出各安置社区的物业管理服务与居委会调解组织的能力差异。从各子空间的排名看，健康舒适空间和物质空间生产的排名有很强的一致性，而生活服务空间排名则与之有较大差异。一方面，说明各社区生活服务空间生产水平的差异小；另一方面，说明社区的物质空间生产由三个子空间共同作用形成，单独的子空间不能决定社区最终的物质空间生产水平。

表 4-3 物质空间生产水平

社区	生活服务空间	排名	健康舒适空间	排名	管理保障空间	排名	物质空间生产	排名
塔桥家园	0.251585	1	0.178051	1	0.146258	1	0.575895	1
砖渠新村	0.222374	7	0.167701	2	0.135593	2	0.525669	2
塞上佳苑	0.244833	3	0.15498	3	0.125635	3	0.525448	3
幸福佳苑	0.249514	2	0.152829	4	0.118824	4	0.521167	4
满春新村	0.229968	5	0.138165	5	0.111178	5	0.479311	5
友爱家园	0.224865	6	0.134164	6	0.106235	6	0.465264	6
新安家园	0.239634	4	0.115277	8	0.086846	8	0.441757	7
康苑雅居	0.211304	8	0.115311	7	0.097008	7	0.423623	8
上前康居	0.209438	9	0.091949	9	0.082502	9	0.38389	9

五、社会空间生产水平评价

社会空间生产水平最高的是砖渠新村，水平最低的是新安家园。这是由于砖渠新村是银川市金凤区 2014 年棚户区改造项目，虽使用年限不长，但给予居民足够的时间来实现与搬迁安置后新空间的适应与融合。且由于该社区区位条件好，配套设施全，居民满意度由此提升，因此其社会空间生产水平较高。新安家园于 2016 年交房使用，居民搬迁时间短，适应感与归属感不高。且在调研期间了解到，该社区在刚交付 1 年左右供暖不佳，对居民的空间体验产生影响，因此该社区社会空间生产水平不高。从三个子空间的空间生产水平来看，社区适应空间生产水平最高，约占社会空间生产水平的 45%。社区归属空间生产水平次之，约占社会空间生产水平的29%。社区参与空间生产水平最低，约占社会空间生产水平的 23%（见表4-4）。各子空间生产水平的贡献情况反映出 9 个社区社会空间生产中普遍缺少社区事务参与。从各子空间的内部差异来看，社会适应空间内部差距最小，社区参与空间内部差距最大。这可能与各社区居委会等的组织情况有关。从各子空间的排名看，社会空间生产的三个子空间均与社会空间生产表现出较高的一致性。

表 4-4　社会空间生产水平

社区	社区适应空间	排名	社区参与空间	排名	社区归属空间	排名	社会空间生产	排名
砖渠新村	0.149268	1	0.091415	1	0.125794	1	0.366478	1
塔桥家园	0.149139	2	0.066967	4	0.12342	2	0.339526	2
幸福佳苑	0.146501	4	0.069374	3	0.116895	4	0.33277	3
塞上佳苑	0.147342	3	0.0569	9	0.118663	3	0.322905	4
友爱家园	0.139509	6	0.063828	7	0.109229	5	0.312566	5
满春新村	0.142679	5	0.064207	6	0.104177	6	0.311063	6
康苑雅居	0.135575	7	0.065472	5	0.103339	7	0.304385	7
上前康居	0.133043	9	0.07165	2	0.097099	8	0.301792	8
新安家园	0.133452	8	0.057207	8	0.085513	9	0.276172	9

第三节 动迁安置社区空间生产水平影响因子分析

一、研究方法

地理探测器（Geographical Detector）由王劲峰等（2017）创建，被广泛应用于地理学的各领域，是探测空间分异性以及揭示其背后驱动力的一组统计学方法。基于社区研究尺度，借助地理探测器，以综合空间生产水平为地理探测因变量、以 24 个物质空间生产指标和社会空间生产指标作为自变量，探讨影响研究区综合空间生产水平的主导因子，若某因子和社区空间生产水平具有显著一致性，则说明其对社区空间生产具有影响。因子探测主要识别驱动因子对综合空间生产水平的解释程度，其计算公式为：

$$q = 1 - \frac{\sum_{h=1}^{L} N_h \sigma_h^2}{N \sigma^2} = 1 - \frac{SSW}{SST}$$

$$SSW = \sum_{h=1}^{L} N_h \sigma_h^2 \qquad (4\text{-}6)$$

$$SST = N \sigma^2$$

式中，q 为驱动因子对综合空间生产水平解释力；N、σ^2 分别为样本量和方差；N_h、σ_h^2 为 h 层样本量和方差，q 取值范围为 [0，1]，数值越大，表明驱动因子对综合空间生产水平的影响力越大，数值为 0 说明驱动因子与综合空间生产完全无关，数值为 1 说明驱动因子可以完全解释综合空间生产水平的差异性。

二、空间生产水平影响因子分析

从物质空间生产影响因子、社会空间生产影响因子以及居民基本情况三个方面对社区空间生产水平进行影响因子探析。三个方面的影响因子中，物质空间生产的影响因子的影响度最高，社会空间生产的影响因子的影响度次之。居民自身的基本情况也对社区的空间生产水平有一定影响，但其总体影响度相对较低（见图 4-3）。且综合看，社区空间生产水平影响度排名前三的影响因子分别为：W7 社区内部环境卫生、S11 对社区生活状态的总体满意感和 W11 社区居委会 / 村委会管理服务。此三项因子最直观地反映了居民在社区空间生产中的利益诉求，同时是政府、资本等社区宏观空间生产中参与者应该重点关注的内容。

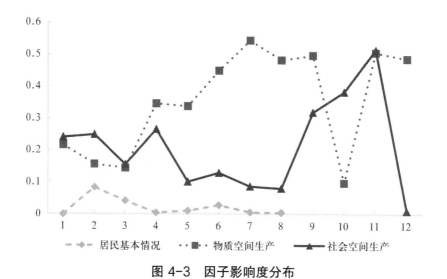

图 4-3　因子影响度分布

三、物质空间生产影响因素探析

从物质空间生产的层面看，指标按影响程度由大到小排序依次为：社区内部环境卫生 > 社区居委会 / 村委会管理服务 > 社区住房房价涨势 > 社区治安状况 > 休闲康体设施配套 > 社区内部环境设计 > 公共服务设施配套 > 社区空气质量 > 社区区位条件 > 学校等教育设施配套 > 商业服务设施配套 > 社区物业管理服务。整体来看，各因子的影响度处在较低的水平，说明在社区的物质空间生产过程中，并无很突出的因子产生极大的影响，反而是各因子共同作用的结果。其中，影响程度最大的是"社区内部环境卫生"，最小的是"社区物业管理服务"。说明社区内部的环境卫生状况最直观地体现出社区的物质空间生产能力。

首先，社区的物业管理服务影响度极低，对比社区居委会较高的影响度，反映了被征地农民在其身份转变为社区居民后，仍依赖原生活空间中的管理服务方式，对新的管理服务形式的接受度较低，因此物业管理服务对被征地农民安置型社区的空间生产水平的影响度极低。社区居委会/村委会管理服务、社区住房房价涨势、社区治安状况、休闲康体设施配套的影响因子均大于0.48，是社区较为重要的物质空间生产影响因素。社区居委会管理服务影响力位居第二，说明提升居委会管理服务水平对提升动迁安置社区空间生产水平具有较高影响。在此类社区中，社区居委会代替了原来的村委会，管理体制发生改变。但由于在大部分地区，原来的村委会影响力巨大，导致在实际工作中，两者的关系没有理顺，在多方面产生了一些比较突出的问题，影响着动迁安置社区居委会的良好运行。

其次，社区居委会的管理职能定位不明确，传统村委会的职能主要是管理本村事务，管理的是本村村民，以及对村经济组织进行管理，行政上色彩较为浓厚。而城市居委会的职能主要体现在提供社区服务上，属于居民自组织性质，更多实现的是服务职能。由于一些动迁安置社区对农村向城市转变的复杂性了解不够，准备不足，无法向社区居民提供卫生、治安、教育、社会保障等社会基础服务工作，导致居民对居委会满意度不高。随着房地产业的发展，社区住房房价涨势也越来越成为城市居民关注的问题。动迁安置社区居民在完成居住环境的转换后，势必会和城市居民一同关注社区房价这一问题。然而，不同的动迁安置社区由于选址不同，在城市扩建和蔓延的不同趋势下，住房涨势也不尽相同，进而产生不同社区居民的不同感受。此外，动迁安置社区选址往往离市中心较远，住房涨势很难与市区住房涨势比拟，也会造成社区居民较大的关注和不同想法。

最后，社区治安状况再次被提到较高的关注层面，这是由于动迁安置社区居民原有的"熟人社区"发生变化，因此对居住环境的适应、信任度较原来而言有所降低，加之新的生活方式的变迁，使得社区治安状况成为影响动迁安置社区物质空间生产的一大重要因素。此外，休闲康体设施配套成为动迁安置社区居民的一大关注点。在城市社区中，休闲康体活动区域往往成为社区居民交往的公共场所，动迁安置居民生活习惯发生变化后，原来的康体、休闲方式也发生变化，因此，此类配套也成为物质空间生产的重要影响因素。

从计量结果可以看出，社区区位条件、学校等教育设施配套、商业服务设施配套等影响程度均较低（见表4-5）。这是由于政府在对动迁安置社区建设规划时，已经统一将教育、医疗、商服等纳入规划选址范围，并且对于此类社区均配有同等水平的教育、商业服务，故这些因素影响较小。

表4-5　物质空间生产影响因素及影响力

指标	指标解释	q statistic
W7	社区内部环境卫生	0.543575
W11	社区居委会/村委会管理服务	0.504675
W9	社区住房房价涨势	0.495936
W12	社区治安状况	0.48529
W8	休闲康体设施配套	0.481702
W6	社区内部环境设计	0.44848
W4	公共服务设施配套	0.34563
W5	社区空气质量	0.337396
W1	社区区位条件	0.215523
W2	学校等教育设施配套	0.155579
W3	商业服务设施配套	0.144049
W10	社区物业管理服务	0.097126

对物质生产空间的影响因子进行子空间的划分。影响程度最高的前六项指标明显高于后六项指标，且均属于健康舒适空间和管理保障空间。说明随着生活水平的提高和生活观念的转变，人们越来越追求健康舒适的生活方式，更加注重管理和保障层面的服务工作。并且不难看出，管理保障空间下的前三个因素影响均较高（见图4-4）。说明动迁安置社区下的管理保障服务与能力，应在新时代下有更新的理念和更高的提升，进而满足社

区居民日益提高的管理保障需求。而生活服务空间中的指标影响度则相对较低，一方面，由于政府在进行被征地农民安置社区的规划和选址时，对生活服务空间的高度重视和优化布置较好，极大地满足了被征地农民的日常生活需要；另一方面，居民生活条件的改善减少了距离的约束，极大地缓解了社区区位差、周边配套远的问题。

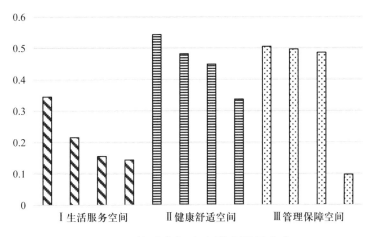

图 4-4 物质空间生产影响因子分布

四、社会空间生产影响因素探析

从社会空间生产的层面看，通过 p-value 数值的筛选，去掉指标"参与社区管理事务讨论 S6"和"对市民化的自我认同感 S12"，将其余影响因子按影响程度由大到小排序依次为：对社区生活状态的总体满意感 > 居住者对于社区的依恋感 > 社区对于居住者的亲切感 > 社区管理服务适应 > 对社区生活方式适应 > 对社区居住环境适应 > 社区邻里关系适应 > 对社区由来的了解 > 和邻里交往的意向程度 > 参与社区活动的意向程度。其中，影响程度最大的是"对社区生活状态的总体满意感"，最小的是"和邻里交往的意向程度"和"参与社区活动的意向程度"（见表 4-6）。说明社区社会空间生产在社会空间层面最大的影响因子是居民的总体满意感，而该项指标本身就是一个综合性质的影响因子。另外，居住者对于社区的依恋感和社区对于居住者的亲切感的影响度也较大，这两项指标也是居民最直观的情感体现。居民邻里交往和参加社区活动的意向影响度较低，这是因为被征地农民安置社区的居民基本由同一原住地搬迁而来，彼此之间在搬迁之前的邻里交往意向有很大的一致性，因此对社区空间生产水平的影响度极低。

表 4-6　社会空间生产影响因素及影响力

指标	指标解释	q statistic
S11	对社区生活状态的总体满意感	0.513688
S10	居住者对于社区的依恋感	0.382341
S9	社区对于居住者的亲切感	0.318628
S4	社区管理服务适应	0.264828
S2	对社区生活方式适应	0.248313
S1	对社区居住环境适应	0.240119
S3	社区邻里关系适应	0.15488
S5	对社区由来的了解	0.101069
S7	和邻里交往的意向程度	0.086585
S8	参与社区活动的意向程度	0.080064

对社会生产空间的影响因子进行子空间的划分。影响程度最高的前三项指标明显高于其他指标，且均属于社区归属空间。并且社区适应性空间的指标影响度较高，社区参与空间的指标影响度最低（见图 4-5）。说明影响被征地农民安置型社区空间生产水平在社会层面最主要的是被征地农民对空间的归属感，因此无论是在被征地农民安置的后续工作中，还是在被征地农民安置的相关研究中，农民的归属感都是一个非常重要的环节。

五、社区居民基本情况影响因素探析

从社区居民的基本情况看，指标按影响程度由大到小排序依次为：居住时长＞年龄＞职业＞文化程度＞月收入＞民族＞户口类型＞性别。通过 p-value 数值的筛选，去掉不合理指标，最终剩下居住时长和年龄两项指标

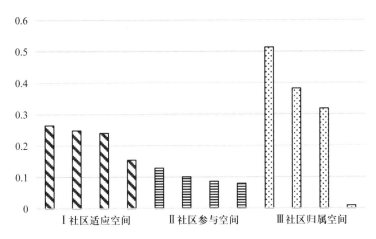

图 4-5　社会空间生产影响因子分布

（见表 4-7）。且居住时长 > 年龄。通过对居民基本情况的探测，发现仅有居住时长和年龄两项指标与社区的空间生产水平有关，且影响度不高。可能是由于同一安置区的居民来自同一搬迁地，居民的基本情况相似度高，个别的差异难以对社区空间生产水平产生影响。此外，居住时长和年龄对社会空间生产有影响，因为居住时长最直接地影响居民对空间的适应程度，进而影响社区空间生产水平。而不同年龄的居民对社区的参与度、适应度、体验感均有所不同，由此对社区空间生产产生影响。

表 4-7　居民基本情况影响因素及影响力

指标	指标解释	q statistic
P2	居住时长	0.083762
P3	年龄	0.041034

本 章 小 结

本章内容对银川 9 个被征地农民安置社区的空间生产水平在物质和社会两个层面上定量分析，度量了 9 个被征地农民安置社区不同维度的空间生产水平。并基于地理探测器对影响社区空间生产水平的影响因子进行探测，揭示了物质层面、社会层面、居民层面空间生产水平的分异机制，得到如下结论：

（1）空间生产水平整体较低。通过对银川9个被征地农民安置社区的各社区空间生产水平的定量计算可以看出，空间生产水平值最高的社区仅为0.92，空间生产水平较低。这与银川整体的经济发展水平较低有关，且各社区的空间生产水平在低水平维度仍表现出较大的差异，与社区各自客观条件有关。

（2）物质空间生产水平高，社会空间生产水平低。银川被征地农民安置社区的空间生产水平呈现出物质空间生产水平高，社会空间生产水平低的现象，从定量计算的结果可以看出，物质空间生产的平均水平是社会空间生产平均水平的1.7倍。这是因为被征地农民的安置问题较为复杂，甚至安置后仍面临许多待解决的问题。加之被征地农民改变了惯有的生活方式和生活空间，对新空间的融入也并非容易的过程。因此，在空间生产水平的测算结果中表现为社会空间生产与物质空间生产的脱节。

（3）物质和社会层面中各子空间的空间生产水平有所差异。在社区空间水平测算的结果中，表现为物质层面的生活服务空间生产水平相对较高，社会层面的社会适应空间的生产水平相对较高。这是由于居民生活水平的提升和居民在新空间融通过程中的需要。

（4）通过对被征地农民安置型社区的空间生产水平影响因子进行探测，发现社区内部环境卫生、居民对社区生活状态的总体满意感和社区居委会／村委会管理服务是影响度最高的因子，说明政府、资本等社区宏观空间生产的参与者需要对这些影响因子投入关注，以把握关键、提高被征地农民安置社区的空间生产水平。

基于空间生产理论和社区空间生产的概念框架，从社区的维度对被征地农民安置型社区的空间生产水平进行定量分析以及影响因子探析。实证结果表明，被征地农民安置社区的空间生产水平受制于所在城市的经济社会发展水平，且社会和物质空间生产水平的脱节是被征地农民安置社区的普遍现象。而要提高被征地农民安置社区的空间生产水平，则改善社区内部环境卫生、提升居民对生活状态的总体满意感和提高社区居委会的管理服务能力是最主要的着手处。但是，要从根本上对被征地农民安置型社区的空间生产水平做出质的提升，仍需在城市社会经济的发展水平和城市化的质量上下功夫，通过城市整体水平的提高来带动被征地农民安置社区空间生产水平的提高。

第五章　银川动迁安置社区空间生产协同评估

　　随着空间生产理论中国本土化研究的不断深入，学界关于城市物质空间与社会空间交互关系的研究日益增多。有学者基于空间生产理论，提出"将城市空间解构为物质空间和社会空间，城市空间是物质与社会的统一体，城市空间结构研究应加强城市'物质空间与社会空间耦合'视角的研究"。"空间生产不仅是空间产品的再造，也是相应社会关系的再造"，"城市建构具有显性和隐性两个层面，即技术建构和社会建构，而当代中国的城市化主要强调了城市建设的技术建构，在一定程度上忽视了甚至遮蔽了社会建构，由此导致并强化了一系列社会问题和社会矛盾"。随着城市群的形成和发展，银川成为沿黄城市群的核心城市。

　　基于上述研究的重要启示和相关现实背景，本章以银川动迁安置社区这一典型城市空间生产单元为研究对象，将其空间生产解构为物质空间生产和社会空间生产，并运用耦合协调度模型定量揭示动迁安置社区物质空间生产和社会空间生产之间协同耦合发展的程度，分析银川动迁安置社区空间生产特征。采用障碍度模型，从生活服务、健康舒适、管理保障、社区适应、社区参与和社区归属6个方面识别约束银川动迁安置社区空间生产的关键因素。以期在城市特定类型区中做出更多实证研究成果，提高空间生产理论对中国城市研究的解释力，服务中国城市化健康发展。

第一节 动迁安置社区空间生产综述

一、动迁安置社区空间生产内涵与协同机理解析

城镇化是人的迁移过程，同时伴随着新的物质空间和社会空间的扩张。在自发迁移为主的城镇化条件下，城市的物质空间与社会空间往往能够实现自协调，但在政府有意识的主导推动下，这两者往往难以实现这一点。基于空间生产理论，社区的空间生产包括物质空间生产与社会空间生产两大系统，这两大系统可以进一步抽象地看作是"物"和"人"的系统。一方面，社区物质环境的生产是为了给社区居民群体提供社会性的服务，同时为社区社会空间的生产提供物质载体，因此，社区物质空间的生产必须满足并适应社区居民群体的生活和发展的需要；另一方面，社区居民群体生活服务需求，即社区社会空间的生产和发展促使社区物质空间生产的不断更新和改善，以逐渐满足并适应社会空间发展的需求。也就是说，动迁安置社区空间生产绝非物质空间的单一生产，并且物质空间生产和社会空间生产间具有作用力与反作用力，其中物质空间生产背后所隐藏的社会关系往往通过空间实践呈现，而社会关系中复杂的意识形态也在一定程度上制约着空间发展，致使社会空间生产出现滞后状态。

动迁安置社区，作为城市地域空间内发生着空间剧烈重组的空间生产单元，其对物质空间生产和社会空间生产双重诉求，有别于一般的空间生产。被动迁居人口聚居于社区，参与城市社会活动和集体劳动，对社区物质空间和社会空间感知发生不同程度的改变，当物质空间和社会空间感知较高且协调发展时，会推进城镇化高质量发展，而城镇化又会带来新的地理不平衡，物质空间和社会空间生产初步非均衡发展状态，迁入者生活成本上升、生产资料丢失、居住空间变小、归属感缺乏、构建良好的社会互动关系较困难，引发该类社区产生诸多问题。因此，只有社区物质空间生产和社会空间生产相互适应、协同发展，社区才会和谐、稳定、健康发展，

进而影响到整个城市的和谐健康稳定发展。

二、研究区概况

银川位于宁夏北部，东踞鄂尔多斯西缘，西依贺兰山，黄河从市境穿过，是宁蒙陕甘毗邻地区中心城市，是深入实施西部大开发战略重点经济区。2002 年以来，银川城镇化发展进入快车道，在快速的城市对外蔓延和内部更新的过程中，城市历经了剧烈的空间生产和结构重组。与此同时，城市边缘或者内部陆续出现了大量的动迁安置社区。建设进程中，政府规划兴建了大量动迁安置社区，用于安置因动迁产生的大量动迁居民。这类社区嵌入在城市原有的发展格局中，不论是从社区内部发展来看，还是从社区和周边环境乃至整个城市的互动发展看，都显著地区别于城市原生社区的发展状态。因此有必要对银川动迁安置社区空间生产进行研究，了解物质空间生产和社会空间生产耦合协调发展状态，并对其障碍性因子进行诊断，以期为区域决策提供科学依据。

宁夏自然条件极不均衡，南北部相差悬殊：北部得黄河水灌溉之利，素有"塞上江南"的美誉；南部山大沟深、干旱少雨、水土流失严重，因"苦瘠甲天下"而闻名于世，有些地区既不适宜居住，又不适宜发展。受自然条件约束，35 万人处于贫困状态，发展前途和发展潜力渺茫。过度依赖自然资源发展生计，加剧了山区生态环境恶化。为应对这一难题，宁夏确定了山内的问题山外解决、山上的问题山下解决、面上的问题点线解决的发展思路。同时将这一发展思路贯彻在《宁夏"十二五"中南部地区生态移民规划》中，规划指出宁夏将投资百亿元，用 5 年时间将生存条件极差的中南部地区住户搬迁安置在条件较好的近水、沿路、靠城地区，共 7.88 万户 34.6 万人，移民迁出后留下的土地，将全部收回用于生态建设。生态移民搬迁涉及宁夏山区 9 个县，91 个乡镇，684 个建制村，1655 个自然村，既有县内安置，又有县外安置。其中，县内安置占 35%，县外安置占 65%。宁夏建设了 274 个安置区，其中生态移民安置区占 75%，劳务移民安置区占 25%。

生态移民工程是一项涉及方方面面的系统工程，通过为移民建设住房，兴修农田水利，组织劳务输出，发展特色产业，建设水、电、路、气、通信、商贸、学校、医院、文化站等公共服务设施，改善生态环境和居住环境。银川是宁夏的首府城市，也是生态移民集中安置的重点区域。受自然和城市化双重因素胁迫，银川动迁安置社区安置移民类型多元，包括被征地农民、生态移民、易地扶贫搬迁移民和城市项目工程拆迁居民。其中，被征地农民和生态移民最为典型。在银川市政府领导下，安置区建设坚持用城市的理念规划村庄，用城市的标准建设村庄，用市民的标准安置移民，用城市的要求管理村庄安置社区，用小康的标准谋划项目。

第二节　评估方法及数据

一、数据基础

（一）评价指标选取

社区空间不论是物质空间还是社会空间，从本质上讲，都属于社区人居环境的组成部分。探索动迁安置社区空间生产协同水平要从系统协调角度出发，基于指标选取和体系建立的科学性、可比性、全面性、可操作性和以人为本的原则，王玉娟（2018）选取生活需求、安全需求作为城市人居环境物质需求，选取社会需求、精神需求作为城市人居环境社会需求，物质需求子系统指标主要选取与日常生活息息相关的各种服务、设施及建筑等建设情况，社会需求子系统选取有助于实现居民安全感满足的环境要素和有助于人们获得尊重感和自我实现需求满足的各种环境要素作为指标层。李雪铭（2019）选取居住系统、支持系统等，即居住条件和公共配套设施作为人居环境系统的指标层，康雷（2019）、肖子华（2019）将公共服务满意度、环境安全感、环境舒适感、社区活动参与和决策、社会地位、社会归属感作为社区社会空间融合水平的主要指标。为兼顾物质空间生产系统和社会空间生产系统，物质空间生产主要考虑社区人居环境适应性，社会空间生产主要考虑社区的社会融合程度。因此，本章下设 6 个子系统，选取生活服务空间、健康舒适空间、管理保障空间子系统作为物质空间生产系统，社区适应空间、社区参与空间、社区归属空间子系统作为社会空间生产系统，共选取 24 项指标，构建社区空间生产系统耦合协调发展评价指标体系，如表 5-1 所示。

表 5-1 社区空间生产系统耦合协调发展评价指标体系

一级指标	二级指标	三级指标	指标权重
物质空间生产	生活服务空间	社区区位条件 W_1	0.044121
		学校等教育设施配套 W_2	0.0441071
		商业服务设施配套 W_3	0.0441134
		公共服务设施配套 W_4	0.0437144
	健康舒适空间	社区空气质量 W_5	0.0439318
		社区内部环境设计 W_6	0.0436892
		社区内部环境卫生 W_7	0.0435544
		休闲康体设施配套 W_8	0.0436466
	管理保障空间	社区住房房价涨势 W_9	0.0432298
		社区物业管理服务 W_{10}	0.0439255
		社区居委会 / 村委会管理服务 W_{11}	0.0433618
		社区治安状况 W_{12}	0.0434571
社会空间生产	社区适应空间	对社区居住环境适应 S_1	0.0437144
		对社区生活方式适应 S_2	0.0440216
		社区邻里关系适应 S_3	0.0440556
		社区管理服务适应 S_4	0.0439790
	社区参与空间	对社区由来的了解 S_5	0.0009094
		参与社区管理事务讨论 S_6	0.0371197
		和邻里交往的意向程度 S_7	0.0436116
		参与社区活动的意向程度 S_8	0.0435407
	社区归属空间	社区对于居住者的亲切感 S_9	0.0433256
		居住者对于社区的依恋感 S_{10}	0.0438271
		对社区生活状态的总体满意感 S_{11}	0.0438271
		对市民化的自我认同感 S_{12}	0.0433727

（二）数据来源

本次问卷调查采样范围覆盖了银川3个主城区：兴庆区、金凤区、西夏区，共选取11个动迁安置社区，为确保居住主体对社区空间生产感知具有充分了解，本次研究主体选取18岁及以上，居住时长达6个月及以上的常住人口作为调查对象。问卷问题根据构建的指标体系进行设定，采用封闭式问卷调查法，内容包括三部分：第一部分对居民基本属性进行调查，主要包括性别、年龄、文化程度、职业、月收入、户口类型、居住时长；第二部分对居民物质空间生产感知进行调查，包括社区治安状况、社区居委会/村委会管理服务、社区物业管理服务、社区住房房价涨势、休闲康体设施配套、社区内部环境卫生、社区内部环境设计、社区空气质量、公共服务设施配套、商业服务设施配套、学校等教育设施配套、社区区位条件；第三部分对居民社会空间生产感知进行调查，主要包括对社区居住环境适应、对社区生活方式适应、社区邻里关系适应、社区管理服务适应、对社区由来的了解、参与社区管理事务讨论、和邻里交往的意向程度、参与社区活动的意向程度、社区对于居住者的亲切感、居住者对于社区的依恋感、对社区生活状态的总体满意感、对市民化的自我认同感。以沙式通量表方式，让被调查者对社区空间生产感知程度依次打分。根据社区空间分布密度和社区住户密度差异，采取分层抽样法，确定选取社区发放问卷数量，保证研究对象空间上均匀分布，能较好反映每个城区整体状况。

本次共收回有效问卷1003份，有效率达95%，样本数量及信度符合研究要求。对有效问卷选项进行分级赋值，鉴于选取指标数据标准不同和研究主体间的差异性，本章采用极差标准化法，处理数据量级量纲差异性，空间生产协同水平正向指标越大，表示空间生产协同水平越高，逆向指标越小，表示空间生产协同水平越高。运用熵权法进行指标赋权，计算P_W、P_E系统的综合发展水平，在此基础上，运用耦合协调度模型测算宁夏银川11个社区物质空间生产和社会空间生产系统协同指数（T）和耦合度（C）以及耦合协调发展度（D），并鉴别现阶段研究单元发展类型，运用障碍度模型厘清制约银川社区空间生产协调发展的障碍性因子。

二、评价方法

（一）标准化处理

采用极差标准化法对各指标原始数据进行标准化处理，公式如下：

$$正向指标：X_{ij} = \frac{X_{ij} - X_{\min}}{X_{\max} - X_{\min}}, X_{ij} \in (0,1) \tag{5-1}$$

$$逆向指标：X_{ij} = \frac{X_{\max} - X_{ij}}{X_{\max} - X_{\min}}, X_{ij} \in (0,1) \tag{5-2}$$

式中，X_{ij} 指第 i 个研究对象第 j 项指标的原始数值和标准化后的数值；$\max_{1 \leqslant i \leqslant n} X_{ij}$，$\min_{1 \leqslant i \leqslant n} X_{ij}$ 分别代表第 j 项指标所在序列的最大值和最小值。

（二）权重的确定

为减小主观因素带来的偏差，采用改进的熵值法确定物质空间生产系统和社会空间生产系统内各项指标的权重，具体计算步骤如下：

（1）计算第 j 项指标下第 i 个评价对象指标比重：

$$R_{ij} = \frac{X_{ij}}{\sum_1^n X_{ij}} \tag{5-3}$$

（2）计算第 j 项指标的熵值：

$$V_j = -K \sum_{i=1}^n R_{ij} \ln R_{ij} \ (j=1,2,\cdots,m) \tag{5-4}$$

式中，$K=1/\ln(n)$，（$K>0$，$0 \leqslant R_{ij} \leqslant 1$）；同时假定 $R_{ij}=0$ 时，$R_{ij}\ln R_{ij}=0$。

计算第 j 项指标的差异系数：

$$h_j = 1 - V_j \tag{5-5}$$

（3）计算第 j 项指标的权重：

$$W_j = \frac{h_j}{\sum_{j=1}^m h_j} \tag{5-6}$$

（三）计算综合评价指数构建

具体公式如下：

$$Z = \sum_{i=1}^{2} \sum_{j=1}^{m} W_{ij} X_{ij} \qquad （5-7）$$

式中，Z 代表空间生产成效总指数，W_{ij} 代表第 i 类空间生产第 j 项指标权重，X_{ij} 代表第 i 类空间生产第 j 项指标标准化值。

（四）耦合协调度评价方法

借鉴物理学中的容量耦合系数模型（Valerie，1996），在已有研究基础上，构建物质空间生产和社会空间生产的耦合协调度模型，计算公式如下：

$$D(P_T, P_E) = \sqrt{C \times T} \qquad （5-8）$$

$$C = \sqrt{\frac{P_W \times P_S}{\left(\dfrac{P_W + P_S}{2}\right)^2}} \qquad （5-9）$$

$$T = \alpha P_W + \beta P_S \qquad （5-10）$$

式中，D 表示耦合协调度；C 表示耦合度，$C=0$ 表示两个系统不存在依赖关系，$C=1$ 表示两个系统处于最佳耦合状态；T 表示两个系统综合评价指数；P_W、P_S 分别表示物质空间和社会空间的综合评价指数；α、β 表示物质空间和社会空间的权重，基于两个空间同等重要，参考已有研究，α、β 各取 0.5。

（五）障碍因子诊断

在综合测度并分析银川市动迁安置社区空间生产协同水平的基础上，采用障碍度模型，进一步揭示并诊断影响社区物质空间生产和社会空间生产协同发展的关键因子，以便采取更有效、更具针对性的调控策略。具体测算原理如下：

$$Q_{ij} = \frac{(1 - X_{ij}) \times W_{ij} \times 100\%}{\sum (1 - X_{ij}) \times W_{ij}} \qquad （5-11）$$

$$Q_j = \sum Q_{ij} \qquad （5-12）$$

式中，Q_{ij} 表示单项指标对物质空间生产和社会空间生产协调发展的障碍度，X_{ij} 表示标准化值，W_{ij} 表示权重，Q_j 表示障碍度。

第三节　动迁安置社区空间生产特征

一、评判标准

根据宁夏银川社区空间生产系统耦合协调发展评价指标体系，选取银川 11 个社区调研统计数据；根据公式对数据进行标准化和熵权处理后，计算 P_W、P_E 系统的综合发展水平，在此基础上，根据公式分别计算宁夏银川市 11 个社区物质空间生产和社会空间生产系统协同指数（T）和耦合度（C）以及耦合协调发展度（D），结合实际情况，将其划分为不同的发展类型，如表 5-2 所示。

表 5-2　物质空间生产和社会空间生产耦合协调发展分类体系及判别标准

协同度	协调类型	耦合协调度	耦合协调类型
0.500~1.000	协调发展	0.900~1.000	优质耦合协调
0.250~0.500	过度类型	0.600~0.890	中级耦合协调
0.240~0.000	低度类型	0.300~0.590	濒临失调
		0.290~0.100	中度失调
		0.09~0.000	极度失调

二、社区空间生产综合发展水平类型特征

银川动迁安置社区物质空间生产和社会空间生产在社区和社区间整体差异性较小（见表 5-3）。物质空间生产水平高于 0.3 的社区有砖渠新村、塔桥家园、友爱家园、满春新村、幸福佳苑、塞上家苑、荣锦苑东区，该类社区物质空间生产水平均高于社会空间生产水平和综合空间水平，说明该类社区物质基础相对较好。物质空间生产水平较低的社区有康苑雅居、上前康居、新安家园、荣锦苑西区，该类社区物质空间发展水平相对较低，

其主要原因是小区相对老旧，基础设施配套、社区环境、社区卫生和治安状况相对较差，降低了居民对小区物质空间生产感知度。

表 5-3　银川市社区物质空间生产和社会空间生产的耦合度及协调度对比关系

社区	C	T	D
砖渠新村	0.989	0.329	0.107
塔桥家园	0.961	0.340	0.111
友爱家园	0.974	0.309	0.093
康苑雅居	0.967	0.274	0.074
上前康居	0.934	0.256	0.063
新安家园	0.974	0.265	0.070
满春新村	0.979	0.297	0.087
幸福佳苑	0.984	0.314	0.098
塞上家苑	0.983	0.315	0.097
荣锦苑东区	0.937	0.323	0.103
荣锦苑西区	0.896	0.264	0.068
平均水平	0.962	0.299	0.088

如图 5-1 所示，物质空间生产水平（P_W）和社会空间生产水平（P_E）可能存在 3 种关系，即 $P_W>P_E$、$P_W<P_E$、$P_W=P_E$，依据 3 类关系将各研究社区划分为超前型（$P_W>P_E$）、同步型（$P_W=P_E$）、滞后型（$P_W<P_E$）。根据图 5-1 可知，银川动迁安置社区空间生产水平整体上属于超前型发展状态，少数社区出现社会物质空间生产滞后于社会空间生产状态。物质空间生产超前发展的社区有 10 个，占比达 90.9%，表明该区域社区物质空间生产水平整体相对较高，社区间综合生产水平差异性较小。综合生产水平 $Z \in [0.2563793，0.3399439]$，表明银川社区空间生产水平整体上表现出滞后特征，也进一步说明社区社会空间生产发展水平较低，提升潜力巨大。总体来讲，虽绝大多数社区物质空间超前发展，但社会空间生产滞后发展，对社区综合发展水平贡献率均不高，致使社区空间生产水平没有表现出实质性发展。

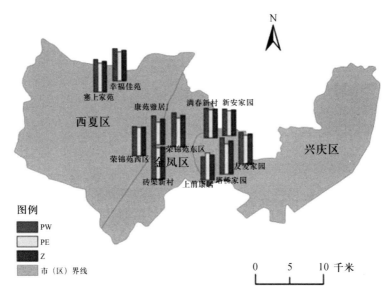

图 5-1　物质空间生产和社会空间生产综合发展水平空间差异

三、社区空间生产综合发展水平空间格局特征

物质空间生产和社会空间生产水平空间差异性较小，这是由于抽样社区相对集中，其基础物质空间生产差异性较小。物质空间生产和社会空间生产较高的社区位于兴庆区，该区域为银川老城区，基础设施体系比较完善，物流、人流、信息流流动量大且交流充分，其空间中社会生产关系发展较好，从而其反作用于空间生产，推动社区整体空间生产水平提升。值得注意的是，社会空间水平高低表现：砖渠新村（0.318）＞友爱家园（0.294）＞幸福佳苑（0.299）＞新安家园（0.256）＞塔桥家园（0.309）＞上前康居（0.276）＞塞上家苑（0.295）＞荣锦苑西区（0.232）＞荣锦苑东区（0.296）＞满春新村（0.289）＞康苑雅居（0.289）。砖渠新村社会空间水平最高，康苑雅居最低。其中，上前康居社会空间生产水平高于物质空间水平和综合空间生产水平，其低水平的物质空间制约综合空间生产水平提升，其主要归因于小区内原住居民少，基础设施老旧，现有居民以租住户为主，且有部分住户租住 10 年之久，租住户对社区适应和社区归属感呈现出上升趋势。

第四节　动迁安置社区物质空间生产和社会空间生产协同水平

一、社区空间生产协同水平总体特征

银川动迁安置社区物质空间生产和社会空间生产系统耦合度 C 的平均水平为 0.962，总体上处于高水平耦合期。社区间耦合度 C 和协同指数 T 差异性较小，该结果与各社区发展水平相一致，但社区间耦合度与协同水平差异较大。高水平耦合的主要原因有：第一，研究单元社会空间生产水平和物质空间生产水平均较高，出现高耦合状态；第二，研究单元社会空间生产水平和物质空间生产水平均较低，出现高耦合状态。对比协同指数，得出银川社区物质空间生产和社会空间生产均处于较低发展水平，社区空间生产整体上表现出极度失调发展状态。

银川动迁安置社区物质空间生产和社会空间生产系统协同指数 T 的平均水平为 0.299，总体上处于过度类型阶段，且综合空间生产指数和协同指数基本重合（见图 5-2）。银川 11 个社区综合空间生产协调指数大小表现（见表 5-3）：塔桥家园（0.340）>砖渠新村（0.329）>荣锦苑东区（0.323）>塞上家苑（0.315）>幸福佳苑（0.314）>友爱家园（0.309）>满春新村（0.297）>康苑雅居（0.274）>新安家园（0.265）>荣锦苑西区（0.264）>上前康居（0.256）。塔桥家园物质空间生产和社会空间生产系统协同指数最高，上前康居最低。塞上家苑居民大多是来自西吉的新迁住户，虽然其协同指数较低，但处于过度类型，表明该社区居民适应性较强，得益于物质空间条件和社会空间条件较原居住地改善，促进了其空间感知度上升。

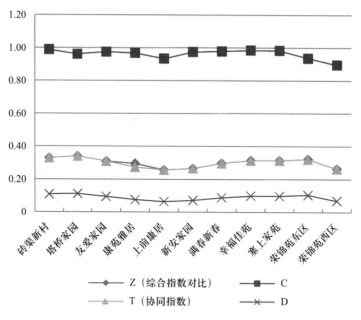

图 5-2 银川社区空间生产的耦合度及协调度对比关系

从表 5-3 中可知，研究单元在研究期内物质空间和社会空间耦合协调度介于 0.01~0.20 之间，物质空间生产和社会空间生产未达到理想耦合状态。11 个社区耦合协度整体处于低水平，大部分为极度失调，在今后发展中亟须提升，但两个系统磨合期较长，主要是因为动迁安置社区空间生产处于初级发展阶段，模式上较为粗放，居民在物质生产空间和社会生产空间融合有待加强，且个体差异和家庭重大变故等突发事件也会对社区物质空间生产和社会空间生产协调发展产生影响。

表 5-3 表明，银川 11 个社区中，友爱家园、康苑雅居、上前康居、新安家园、满春新村、幸福佳苑、塞上家苑、荣锦苑东区、荣锦苑西区处于极度失调阶段，砖渠新村、塔桥家园处于中度失调阶段。这一空间格局主要因为砖渠新村、塔桥家园物质空间生产与其他区域有明显差别，一定程度上弥补物质空间和社会生活空间发展不均衡程度；友爱家园、康苑雅居、上前康居、新安家园、满春新村、幸福佳苑、塞上家苑、荣锦苑东区、荣锦苑西区物质空间生产水平较差，致使物质空间生产和社会空间生产融合较差。

二、社区物质空间生产和社会空间生产系统耦合协调发展类型分析

依据物质空间生产和社会空间生产各自发展水平同步性差异，将耦合协调度划分为 3 种类型：物质空间指数大于社会空间生产指数，为社会空间生产滞后型；物质空间指数等于社会空间生产指数，为同步发展型；物质空间生产指数小于社会空间生产指数，为物质空间生产滞后型。根据社区空间生产水平指数，得到耦合协调度发展类型（见表5-4）。从表5-4中可知，物质空间生产滞后和社会空间生产滞后，占比分别达到10%、90%，暂没有社区达到同步型发展类，总体上社会空间生产滞后于物质空间生产。由此可推断，研究单元绝大多数已经从社区空间生产发展初期阶段转为中期阶段，即从物质空间生产滞后转型为社会空间生产滞后，并向成熟发展阶段转型，实现物质空间生产和社会空间生产的耦合协同发展，但需经过较长适应和磨合期，主要原因是银川社区社会空间生产发展速度慢于物质空间生产速度。在城市化进程中，被征地农民社区空间生产发展速度较快，物质空间生产和社会空间生产尚未形成协调发展特征。总体来看，银川社区物质空间生产和社会空间生产耦合协调发展与全国水平相比差距较大，在促进社区空间水平提升上，该类社区空间尚未生产出强有力的正向关系，社区物质空间生产和社会空间生产耦合协调度提升乏力。

表5-4 社区物质空间生产和社会空间生产耦合协调类型

社区	类型	社区	类型
砖渠新村	社区空间生产滞后	满春新村	社区空间生产滞后
塔桥家园	社区空间生产滞后	幸福佳苑	社区空间生产滞后
友爱家园	社区空间生产滞后	塞上家苑	社区空间生产滞后
康苑雅居	社区空间生产滞后	荣锦苑东区	社区空间生产滞后
上前康居	物质空间生产滞后	荣锦苑西区	社区空间生产滞后
新安家园	社区空间生产滞后		

第五节　动迁安置社区空间生产障碍因子及治理举措

一、障碍因子诊断

运用障碍度模型，测度各项指标障碍度和子系统障碍度，诊断影响 2019 年宁夏银川社区空间生产系统协同发展的主要障碍因子，如表 5-5 所示。

表 5-5　社区空间生产子系统障碍度

区域	生活服务空间	健康舒适空间	管理保障空间	社区适应空间	社区参与空间	社区归属空间
砖渠新村	0.183	0.163	0.193	0.136	0.164	0.161
塔桥家园	0.148	0.152	0.181	0.146	0.197	0.177
友爱家园	0.142	0.173	0.211	0.135	0.172	0.167
康苑雅居	0.151	0.204	0.210	0.128	0.145	0.161
上前康居	0.141	0.227	0.222	0.122	0.136	0.152
新安家园	0.116	0.199	0.219	0.129	0.145	0.192
满春新村	0.144	0.189	0.209	0.128	0.167	0.162
幸福佳苑	0.130	0.179	0.214	0.132	0.170	0.174
塞上家苑	0.137	0.176	0.202	0.130	0.181	0.174
荣锦苑东区	0.112	0.190	0.193	0.175	0.140	0.190
荣锦苑西区	0.120	0.173	0.192	0.186	0.144	0.186
平均值	0.139	0.184	0.204	0.141	0.160	0.172

各子系统间障碍度差异性较大，平均值 ∈ [13.864%，20.403%]。障碍度大小排序为：管理保障空间，健康舒适空间，社区归属空间，社区参与空间，社区适应空间，生活服务空间，障碍度平均值为：20.403%，18.419%，17.241%，16.012%，14.060%，13.864%。由此得出，影响社区空间生产协调发展的主要障碍系统是社会空间生产，虽然物质空间生产相对超前于社会空间生产，但其仍处于较低发展水平。物质空间生产作为一

种物质性的存在，其不仅是空间中事物生产和空间本身生产的基础，同时也是社会互动的基底，低水平的物质空间生产直接作用于社会空间生产及隐藏其背后所生产出的生产和生活关系。

如图5-3所示，各指标障碍度差异亦较大，平均值∈[0.1869%，7.7214%]。前八位的障碍指标为参与社区管理事务讨论、社区居委会/村委会管理服务、社区住房房价涨势、社区治安状况、社区物业管理服务、社区对于居住者的亲切感、社区内部环境卫生、社区物业管理服务，障碍度分别为84.936%，58.432%，57.896%，55.437%，55.004%，53.459%、52.756%、52.670%，平均值为45.833%。其中，参与社区管理事务讨论，社区对于居住者的亲切感属于社会空间生产指数，其余属于物质空间生产指数。由此可知，影响动迁安置社区空间生产协调发展的主要障碍子系统是社会空间生产系统，其中社区居委会/村委会管理服务和社区治安状况作为社区空间生产重要的保障条件，当前仍存在整体滞后，社区管理组织松散，执行能力差，建设资金少，综合协同能力薄弱等诸多问题，亟须整改。和谐社会和城市化高质量发展作为国家永续发展的策略，现阶段正处于关键时期，人类是空间中最活跃的主体，使空间不可避免充斥着多种意识形态和社会关系，将空间中生产逐步转变为空间的生产，自然属性和社会属性在社区空间生产中相伴而生，尤其在动迁安置社区。因此，其社会空间生产协调发展尤为重要，体现在迁入者参与社区管理事务讨论及对于居住者的亲切感都将影响社区空间生产关系发展。快速城镇化推进，忽视社区社会空间生产提升重要性，长期追求物质生产资料富足的思路尚未根本转变，成为制约动迁安置社区空间生产水平较低的根本原因，致使各子系统之间恶性循环，未趋向双向良好互动。除此之外，障碍度在空间上呈现分异，不同社区空间生产发展的主要障碍因子不尽相同，在空间生产水平发展落后阶段，各空间本身差异性起决定性作用，在经过磨合期走向协调发展后，小区域内空间本身差异逐步被掩盖，转变为次要矛盾。

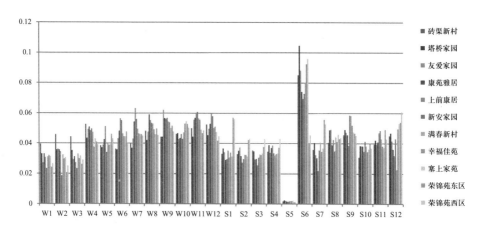

图5-3　动迁居安置社区空间生产协同发展的单因素障碍度

二、银川动迁安置社区治理举措

银川动迁安置社区空间生产障碍因子诊断为完善安置社区空间生产关系，促进社会和谐提供了方向。充分考虑地域性和系统性因素，借助银川动迁安置社区空间生产障碍因子，寻找提升社区参与和社区管理水平，以提高居民空间生产能力。因此，针对银川动迁安置社区空间生产障碍因子提出增强农户空间生产能力的策略。

（一）提升居民参与社区管理事务讨论积极性

在国家层面，加强对社区的监管。每一个群体、每一个组织都有相应的法律法规依据，有基本的制度保障。国家机关工作人员之间，上级下级之间应该制定互相监督机制，使得工作岗位每个人的职责能够无空隙连接、工作任务没有重复、工作内容清晰明了，工作中没有拖拉、"踢皮球"的状况。工作中不存在腐败现象，也不能在单位内部搞小组织、小团体。国家监督机制完善后每个社区工作人员都有了自律意识，没有侥幸的心理，这样就可以更好地为居民服务。

在社区层面，加强居民社区参与的宣传力度。努力发展社区自治组织，培养更多专业的社区工作者，这些社区工作者应站在发动、组织、宣传群众的最前沿，定期做好宣传工作，针对不同的群体运用不同的宣传理论，将理论运用在不同的实践过程中，融入到社区居民生活中，这样既能用专业性来赢得居民们的认同，使我们的宣传内容被居民接受，又能调动社区居民参与的积极性。

在居民层面，扩大社区居民的参与范围。社区居民参与主要集中在一个年龄段，共同特点是有空闲时间，主要集中在老青之间，社区工作人员应该想办法调动社区其他年龄段人员，让大家都能积极参与。首先，社区活动是为了让居民们放松，让更多的居民参与，所以社区工作人员应该在不浪费社区居民时间的前提下组织，例如利用周末举办一些体育活动、文艺活动、亲子活动等，这样既能促进邻里关系，又能使更多的人参与进来；其次，可以在国家法定节假日，例如植树节，组织大家一起去植树，中秋节，可以组织大家一起制作月饼，在良好的氛围下大家的隔阂也会慢慢消除；最后，除了社区为大家提供的一些服务，也可以通过与外界合作，举办一些活动，这样不仅能扩大社区居民的活动范围，也能让社区居民更喜欢社区。

完善社区居民参与机制。为了让社区居民在参与的同时有制度的保障，也能够使社区居民对各项规章制度有充分的了解。首先，建立健全社区民主参与的规章制度，制度是行使一切权利的保障，有了制度依据，居民就可以表达自己的真实想法，选出真正办实事的人，社区居民参与也会有动力。其次，可以通过不同人群、不同方法，例如可以根据不同的年龄、层次不同的文化水平等方面，利用不同的调查方法，了解居民对社区参与的意愿，参与的想法，进而依照民意完善社区居民参与机制。最后，规范参与方式，完善参与制度，使更多的人参与建立多渠道民主参与途径。

（二）社区居委会／村委会管理服务

现实中，许多社区工作人员没有基本的法律知识，不能够秉公办事，不能按照法律法规办事，因此影响到居民社区参与的积极性，可以采取以下几方面的措施：

第一，加强对工作人员的法律法规普及，做到遇事不慌乱，办事有理有据、公平公正执法。

第二，多进行实战训练，在遇到不听劝告，不能够依照我国法律法规行事的居民，工作人员能做到临危不惧，及时处理，不与居民产生冲突。

第三，应该将一些法律法规明确标识，这样既方便工作人员为居民服务，也可以使居民明确工作人员的职责范围。

（三）加大劳动力培训转移力度，促进移民稳定就业

通过稳定经济，加大对动迁安置社区居民的劳动力培训转移力度，促进居民稳定就业。加快劳务产业发展步伐，鼓励、引导和支持安置区居民劳务输出及自主创业。在企业方面，对年内组织劳务输出一定数量的劳务中介组织和劳务经济人，经验收后分别给予奖励。鼓励城郊居民大力发展设施农业、设施养殖和特色种植优势特色产业，促进居民增收，并按照国家标准给予补助，以此保障动迁安置社区居民物质空间生产的可持续性。

（四）改善社区治安状况，提升社区物业管理服务

围绕平安和谐社区建设为目标，以深入开展"法律进社区"活动、"全民治安"活动为载体，全面提升维护社区政治稳定、治安稳定，化解矛盾纠纷和服务居民群众的综合能力，着力抓好维护稳定、治安防范和普法宣传等重点工作，推动社会治安综合治理各项措施的落实，为辖区安全稳定创造良好的治安环境，提升社区居民的社区安全感和归属感。

（五）提升社区对于居住者的亲切感

加强对居民的思想教育工作，转变社区居民固有的观念，推动动迁安置居民参与社区事务由被动向主动转变，奠定居民广泛参与的思想基础。同时，对不同参与主体要实施针对性的社区认识教育。此外，增加居民感兴趣的话题，加强居民对社区的了解，不同信息的提供，能够提高居民对社区各项事务的关心，对社区保有的亲切感。社区还应举办调动居民参与的活动，广泛征求居民对参与社区事务和活动的想法。社区活动的开展无形中为居民提供了互动的机会，使居民在自然互动的情景和场合中，增加

对社区事务的了解与关心，使居民间建立良好的信任关系，凝聚社区的向心力，形成"社区是我家，联系你我他"的良好氛围。

（六）社区内部环境卫生

社区环境治理应该充分发挥市场和社区行政优势，激活生活共同体中的社会资本，发挥社会资本整合资源的优势。然而，根植于乡村社会的集体观念、行政主导的社区建制养成的依赖政府的惯性思维以及基于理性计算而习得的狭隘功利主义的生活逻辑，这三大因素致使社会资本沉寂。社区营造是激活社会资本的有效实践形式，因此可以通过社区营造的方式，寻找激活社会资本的契机，激活社会资本中的利他主义动机，并辅以配套的保障机制来保证社会资本持续发挥作用，进而解决社区环境治理的难题。

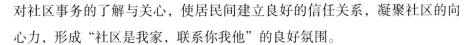

本 章 小 结

本章引入西方的"空间生产"理论，厘清了动迁安置社区空间生产的协同机理与过程，同时，验证了空间生产理论针对动迁安置社区研究具有较好的适用性和实用性。研究结果不但定量化地揭示出银川动迁安置社区空间生产的协同水平，也测度出阻碍这类社区空间生产协同发展的关键因子及排序，这为今后银川开展这类社区综合治理工作指明了方向，也直接找到了工作的切入点和措施推进的抓手。同时，这将为银川切实推进新型城镇化发展，在城乡规划中更好实现空间正义方面的政策研究与制定提供理论支撑。此外，本书基于对银川 11 个动迁安置社区的实证分析，对动迁安置社区物质空间生产和社会空间生产协同水平进行了规律总结，但动迁安置社区空间生产关系复杂，加之社区类型多样，需要对不同类型动迁安置社区开展针对性探索，例如以旧城改造居民为主体的动迁安置社区、以生态移民为主体的动迁安置社区等，不同类型的动迁安置社区其空间生产过程及其协同机理都具有自身的特殊性，在此基础上从实践角度出发，后续应探索其他类型动迁安置社区的空间生产水平，并进一步探索构建针对不同类型动迁安置社区的治理模式和发展策略。

本章研究发现：

（1）银川动迁安置社区、社区间物质空间生产、社会空间生产空间差异性较小，相对于社会空间生产，物质空间生产超前发展的社区有 10 个，占比达 90.9%，表明研究区域社会空间生产处于相对滞后状态。

（2）银川动迁安置物质空间生产和社会空间生产耦合协调度介于 0.06~0.20 之间，平均值不超过 0.10，物质空间生产和社会空间生产都处于较低发展水平，表现出极度失调特征，发展潜力还未被激发，与理想耦合状态差距较大；依据银川社区物质空间生产和社会空间生产发展指数，将银川动迁安置社区空间生产划分为 3 种类型，研究单元中 90.9% 呈现社会空间滞后特征，表明研究单元社会空间生产相对滞后于物质空间生产。

（3）深入研究发现，现阶段阻碍银川动迁安置社区空间生产的主要障碍子系统是物质空间，单项指标差异性较大，平均值 $\in$ [0.1869%, 7.7214%]，前八位的障碍因子：参与社区管理事务讨论 > 社区居委会 / 村委会管理服务 > 社区住房房价涨势 > 社区治安状况 > 社区物业管理服务 > 社区对于居住者的亲切感 > 社区内部环境卫生 > 社区物业管理服，障碍度为：84.936%、58.432%、57.896%、55.437%、55.004%、53.459%、52.756%、52.670%，物质空间生产障碍度达 75%，社会空间生产障碍度达 25%，表明银川现阶段社会空间生产滞后是动迁安置社区空间生产协同水平的主要矛盾。

第六章 生态移民安置社区社会空间融合解析

本章通过梳理国内外生态移民安置社区发展历程，探讨了生态移民安置社区社会空间融合过程，及空间生产理论的适用性，进而构建了生态移民安置社区社会空间融合分析框架。在此基础上，采用熵值法、秩和比法、加权模糊社会空间融合指数测度生态移民安置社区空间融合水平，采用地理探测器模型识别了约束生态移民安置社区社会空间融合因子，并借助交互探测模块，解析生态移民安置社区社会空间融合机制。

第一节 生态移民研究进展

一、生态移民研究综述

生态移民是社会空间重构的重要形式之一，其反映了人口转移和空间重构过程。在生态移民社会空间重构的过程中，不仅形成了多元性、复杂性的生产关系，而且涉及人口与资源等要素的重组，以及社会文化空间的冲突和融合。随着生态移民空间适应能力的减弱、空间认同感和归属感的缺乏、空间生产关系的失衡，以及城市居民空间感知冲击（如社会排斥）等问题的逐渐涌现，这很可能会导致生态移民难以融入安置区的社会空间。因此，典型安置区生态移民社会空间融合的问题是社会空间重构研究的热点。例如，现有文献从搬迁动机、搬迁意愿、适应策略、返迁原因、发展能力、社会融合、绩效评价等维度，结合主成分分析、系统动力学、地理探测器和结构方程模型等方法，对生态移民的搬迁意愿、发展能力以及影响因素等方面进行大量研究，但整体而言，已有研究仍缺乏对生态移民安置过程中出现的空间实践错位、空间剥夺、空间感知风险、空间隔离等社会空间融合问题的探析，而基于"空间生产"视角的研究为弥补以上不足提供了可能性。

"空间生产"最早用于批判工业社会的空间生产过程及其产生的问题，基于"空间生产"的三元论视角，列斐伏尔对抽象空间与社会空间的对立关系进行了区分。20世纪70年代，"空间生产"开始被用于城市、政治权力和日常生活等研究领域，丰富了"社会空间生产"内涵，即个体放弃土地资本，被迫或非被迫进入城市，居住在城市边缘，从事低收入的工作，进而导致群体空间归属和空间认同的缺失，以致造成人群的地域分异，并形成畸形的社会关系和复杂的空间感知，妨碍了城市社会空间融合的进程。生态移民社会空间生产是生态移民社会生产关系与地理空间相结合的产物，也是反映生态移民的感知、认同、归属的空间异质性的地理现象。生态移民迁入城市并在该空间中进行生产和生活，但因其自身的空间分配、空间适应、空间实践及知识文化等方面的差异而产生空间冲突和社会剥夺，进而抑制了生态移民的空间生产和空间组织效率，并导致他们的生产与生活处于相对劣势地位，更阻碍了他们社会空间融合的进程。

社会空间融合是生态移民安置区的核心研究命题。国外研究在生态移民安置问题、适应策略、心理健康等方面取得了较多成果，研究发现，生态移民过程中的创伤事件、压力源和心理健康之间存在强关联性，提出以法律引导建立生态移民保护制度，并尝试构建生态移民社会空间融合机制。国内研究聚焦于生态移民社区融入意愿和行为、空间冲突、生态风险、社会空间生产等方面，也取得了大量研究成果。例如，有学者提出了生态移民可持续发展调控和识别生态风险的方案，解析了社会空间生产耦合特征，构建了生态移民社会空间剥夺指标体系等。21 世纪以来，国外学者基于可持续生计框架，剖析了乌干达生态移民生态环境的空间融合问题，并提出缓解对策；Fitzgerald 等（2018）基于系统论，从宏观尺度上建立了生态移民同化框架，评价发展中国家生态移民社会空间融合水平及发展模式；陈静梅等（2019）结合记忆理论，探讨了贵州省榕江县丰乐社区生态移民文化适应与社会空间融合问题；谢治菊等（2018）运用人类认知层级理论，构建了生态移民社会适应指标框架，提出了生态移民摆脱行为偏离、心理依赖、思维滞后、文化贫瘠等路径依赖的策略，并以此提升生态移民社会空间适应和融合水平。

总的来说，现有研究大多从单一的主观或客观方面评价生态移民的社会空间融合，较少将主观方面与客观方面相结合，从多维度方面进行综合的评价。然而，空间生产理论的三元辩证法能够从不同空间维度，解析生态移民社会空间生产现象，将社会生产的主客观方面相结合，并集成融合了社会性、历史性与空间性，形成了"空间再现、空间实践、再现空间"的研究范式，能够深入地阐释生态移民社会空间生产的多元文化、复杂的空间生产关系及其社会空间融合问题，对城市的社会治理和社会转型具有指导意义。

二、生态移民空间生产过程及理论基础

生态移民过程是一种人文地理空间过程，反映了人文社会的"解构空间—出让空间—重构空间"全过程。政府资本、权力、政策进入生态脆弱区，落实生态移民政策，规划建设生态移民安置区，为解构生态脆弱区人文地理空间奠定了基础。生态移民通过移民搬迁实现出让空间和政策响应，政府资本、权力再次介入主导迁出区生态环境恢复，至此生态移民"迁得出"阶段基本完成。政府颁布政策、实施措施吸引社会资本助力生态移民安置区配套设施建设，保障生态移民在生态移民安置区"稳得住"。同时，帮助生态移民安置区重构空间，形成社会生产关系、情感纽带、文化习俗

等"再现空间"的载体。生态移民进入生态移民安置区，失去了原有的自然生计资本，迫切需要参与空间生产活动，借以新的谋生方式获取生活及生产资料，但受生态移民自身生产经验、文化水平、技术操作水平等限制，生态移民大多以体力劳动谋生，换取教育、医疗、生活开销等所需资本，处于社会空间融合初级阶段，其空间生产实践多集中在工作、教育、医疗等领域，加大了社区及周边基础设施和公共服务设施承载压力。相反，城市居民经过长期生活、生产资料积累，形成稳固的空间生产模式和社会组织关系，其生产、生活、精神活动等空间生产实践均衡发展，部分城市居民有充足的生存资本和生产资料，空间实践较多集中于精神文化活动方面。

针对生态移民迁入产生公共基础设施压力增大、保障资源争夺等负面影响，城市居民感知风险上升，形成对生态移民群体的社会排斥意识，引发生态移民社会空间融合问题。针对上述现象及问题，政府和社区基于专业知识，较为频繁地开展社区文化活动，并邀请生态移民和城市居民参与，试图提升生态移民与城市居民社会空间生产的融合水平，而忽视了生态移民与城市居民社会实践活动存在的"空间断裂"，即生态移民受自身条件限制，较多社会空间生产实践集中在低水平、低技能的生产性实践，生活性和娱乐性实践较少，而城市居民经过城市社会长期空间组织和实践活动经验积累，社会空间生产实践多从事有技能和知识水平的生产性实践，均衡发展生活性实践和娱乐性实践，导致双方社会空间实践存在"断裂"。因此，尽管生态移民安置区开展社区活动促进生态移民与城市居民交流、沟通和融合，但由于双方空间实践活动的错位，间接导致双方社会空间生产的隔离与冲突，抑制生态移民社会空间生产融合进程，如图 6-1 所示。

1974 年，空间生产理论被提出，其研究视角从时间转向空间，实现社会生产和空间分析相结合，为解析生态移民社会空间融合发展提供了新的视角。如王亚娟等（2020）运用空间生产理论，评价了中国生态移民村的社会空间生产特征；郑娜娜等（2019）基于空间生产理论视角，分析了易地搬迁移民社区的空间再造与社会融入情况，均印证了"空间是社会的产

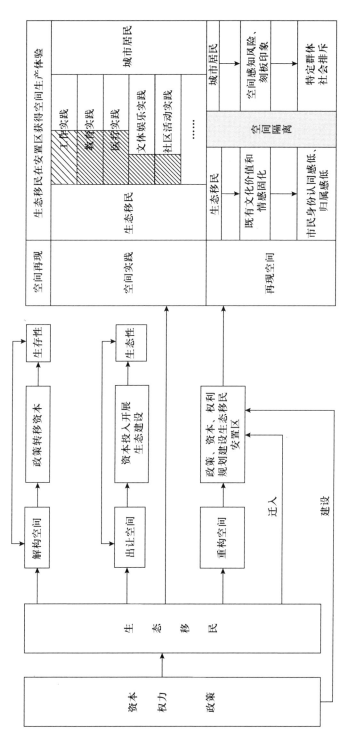

图 6-1 生态移民社会空间生产结构

物"。由此，生态移民社会空间生产将生态移民社会生产关系同空间重构相结合，营建出新的空间生产关系和社会关系，反映出促进生态移民社会空间融合的本质，即在"空间再现""空间实践""再现空间"系统中协调生态移民与城市居民在社会空间生产中的矛盾。

列斐伏尔的空间生产理论包括"空间表征""空间实践""表征空间"三个系统，经苏贾、哈维、福柯发展，形成"空间再现""空间实践""再现空间"的三元辩证分析范式，三元空间相互联动，共同作用于空间生产。一般情况下，"空间再现"指社会空间生产出实体空间，不同群体基于实体空间构建出认知体验，并界定其概念；"空间实践"反映出群体日常实践、生产活动、人际关系活动等方面的实践活动及产生的空间影响，即空间实践是群体参与空间化的社会活动，任何社会活动变化均在空间重构中构建实体；"再现空间"反映出群体对实体空间、生活、生产的感知，形成感知价值空间。

三、生态移民社区社会空间融合框架

调查初步发现，银川生态移民社会空间融合的影响因素主要包括空间适应（居住情况、生活方式、邻里人际关系），空间实践（举办社区活动频次、互助意愿、参与社区活动意愿），空间认同（对管理者的认同、整体社区环境认同、社区名誉维护度），空间归属（社区安全感、社区依恋感、社区亲切感），共3个子系统4个方面12个因素（见表6-1）。基于空间生产和空间融合内涵，结合研究区实际情况，参考朱晓翔等（2020）在乡村旅游社区可持续发展研究中的三元空间辩证分析范式，建立多维度的生态移民社会空间融合分析框架，如图6-2所示。

表6-1 生态移民安置评价指标体系

系统	子系统	一级指标	二级指标	属性
生态移民安置社区社会空间融合水平	空间再现	空间适应 A	居住情况 A1	+
			生活方式 A2	+
			邻里人际关系 A3	+

续表

系统	子系统	一级指标	二级指标	属性
生态移民安置社区社会空间融合水平	空间实践	空间实践 B	参与社区活动意愿 B1	+
			邻里互助行为意愿 B2	−
			受邀参与社区活动情况 B3	+
	再现空间	空间认同 C	对社区管理者管理水平认同度 C1	+
			社区整体环境满意度 C2	+
			社区名誉维护度 C3	+
		空间归属 D	社区安全感 D1	+
			社区依恋感 D2	+
			社区亲切感 D3	+

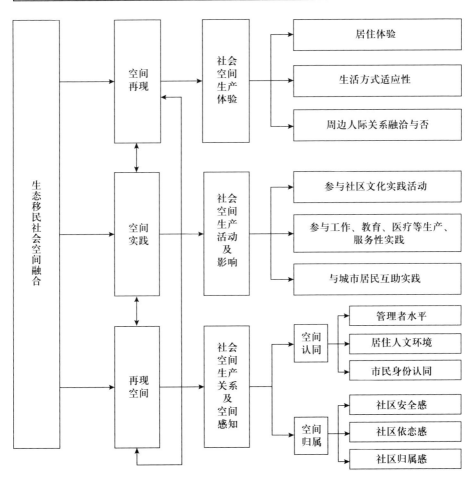

图 6-2　生态移民社会空间融合分析框架

（一）空间再现

空间再现反映出生态移民对安置区环境和人际关系的认知体验。在外部环境稳定情况下，空间适应能力与空间再现水平成正相关。一般情况下，生态移民的居住体验、生活方式适应性、周边人际关系越融洽，社会生产关系、组织关系越和谐融洽，参与社区空间生产能力越强，生态移民社会空间生产体验感越满意。此外，政府、社区、生态移民为提升适应性水平投入的资源、精力越多，社区越呈现出较高的空间再现水平，反之亦然。兰竹虹（2017）选取邻里关系、生活观念、风俗习惯等指标，分析了汶川地震移民的社会空间适应水平。因此，研究选取居住情况适应性、生活方式适应性、邻里人际关系适应性等指标表征生态移民社区空间再现水平。

（二）空间实践

空间实践反映了生态移民通过特定生产方式在具体空间场所里进行生产和再生产活动，表现为参与社区文化实践活动，参与工作、教育、医疗等生产性、服务性实践及与城市居民互助实践。赵聚军等（2020）、杨琴等（2020）选取社区治理、居民参与指标，研究外籍移民社区和自然遗产地居民社区的空间实践活动。而生态移民安置区社会空间实践可用参与社区文化实践活动，参与工作、教育、医疗等生产、服务性实践，与城市居民互助实践来体现。因此，经生态移民调查，选取受邀参与社区活动情况、生态移民与城市居民互助意愿、参与社区活动意愿等表征生态移民社会空间实践水平。

（三）再现空间

再现空间反映了生态移民基于自身生活经验及对社区环境、周边经济、教育、娱乐设施发展的感知，建构"再现空间"，由此融入或抵制社区空间生产对既有生活方式、人际关系的影响和改变，但这一改变并不意味着政府、城市居民在生态移民"再现空间"形成中的缺席。空间再现由生态移民的空间认同和空间归属两部分构成。

空间认同是源于生态移民对自身利益关系最为密切事件的感知，其中，管理者水平、居住人文环境、市民身份认同等直接影响移民面临困难求助意愿、居住环境感知、生态移民群体心理自豪感等，因此，经筛选核定，选取对社区管理者管理水平认同度、社区整体环境满意度、社区名誉维护度 3 个指标，表征生态移民的空间认同水平。

空间归属源于生态移民对社区文化、人际关系、周边教育、文体娱乐设施的感知。一般情况下，生态移民对文化共同体感知强烈，能够提升空间亲切感。生态移民安置区人际关系融洽，周边教育资源较好，工作机会较多，可以抵消生态移民参与空间生产的部分内外部压力和冲突，能够增进参与空间生产的安全感。生态移民在安置区感知到共同文化、情感、组织关系，将其划定为社区不可分割的一部分，对城市居民和安置区形成固化的情感感知，生态移民表现出较强的社区依恋感，成为巩固社会空间融入成果的内在力量。因此，选取社区安全感、社区依恋感、社区亲切感表征社会空间生产的归属水平。

第二节　研究数据基础与方法

一、数据获取

2018 年 9 月，课题组在宁夏银川开展了生态移民社会空间融合的实地调研。研究考虑到银川生态移民安置区较为分散，且安置形式多样，覆盖全部生态移民的调研方式较难实现，进而采用 PPS 抽样调查法，抽取银川市生态移民安置较为集中，生态移民人数较多的 4 个典型安置区（见图 6-3）。具体参考城市居民社区参与调研方法，结合随机抽样法和 KISH 抽样法，首先按样本要求筛除城市居民，抽取成年生态移民，获取生态移民社会空间融合情况的调查数据；其次对生态移民进行半结构式访谈，作为生态移民空间实践活动和空间生产关系的补充。

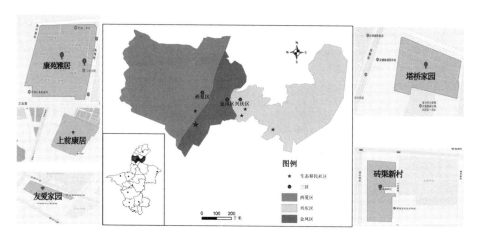

图 6-3　研究区域及调研点

2018 年 9 月，采取问卷调查方法，在银川华西村、滨河家园、泾华园和民生社区 4 个典型安置区，对 450 位生态移民开展问卷调查及参与式观察。问卷调查包括三部分：①生态移民基本信息如表 6-2 所示。②生态移民社会空间融入水平数据调查，融入水平调查采取李克特 5 级量表测量法（1~5 分别为很差、较差、一般、较好、很好），对空间适应、空间实践、空间认同和空间归属 4 个维度 12 个问题进行调查。③生态移民社会空间融入水平影响因素调查，运用开放式填写，采用李克特 5 级量表法对 12 个选项开展了调查。其中，华西村与滨河家园安置区各发放问卷 110 份，华西村收回 95 份，有效问卷 88 份，有效率 92.6%；滨河家园收回 90 份，有效问卷 85 份，有效率 94.4%。泾华园和民生社区各发放问卷 115 份，泾华园收回 103 份，有效问卷 100 份，有效率 97%；民生社区收回 100 份，有效问卷 95 份，有效率 95%。2018 年 10 月，再次对调研对象进行半结构式访谈，以提升生态移民安置区社会空间融合研究的可靠性。

表 6-2　受访生态移民基本情况描述

变量	描述	值	样本总量（368）
是否为生态移民	您是否是响应生态移民搬迁政策，而迁居安置区？	否（0）	
		是（1）	368

续表

变量	描述	值	样本总量（368）
年龄	您的岁数	平均值	45.053
		标准差	14.575
性别	您的性别	男（1）	0.633
		女（2）	0.367
教育水平	小学教育（1）—研究生或以上（6）	平均值	1.734
		标准差	1.043
居住面积	不够住（1）—较大（4）	平均值	2.926
		标准差	0.623
居住时长	您迁居安置区时间	平均值	2.984
		标准差	2.630
户口类型	您的户口类型	农村户口（1）	0.782
		城市户口（2）	0.218

二、样本基本情况

如表 6-2 所示，在年龄方面，受访样本平均年龄约为 45 岁，最低年龄 19 岁；在性别方面，样本男性比例较高，高达 63.3%，女性仅为 36.7%；在教育水平方面，受教育水平偏低，多为小学文化水平（平均值为 1.734）；在户口类型方面，农村户口为 78.2%，城市户口为 21.8%。此外，生态移民普遍反映安置区的居住面积较小或适中，以及他们在安置区居住平均时长为 2.984 年。

三、研究方法

首先采用熵值法、秩和比法，测算生态移民的社会空间融合水平；其次采用地理探测器因子探测模块，识别抑制生态移民社会空间融合水平的关键因子；最后采用交互探测模块，分析生态移民社会空间融合机制。

（一）熵值法

采用熵值法对指标赋权，结合逼近理想点排序法（TOPSIS）测算评价指标的"正理想解"和"负理想解"的贴近程度，获得社会空间融合水平并进行排序，判断生态移民社会空间融合程度，熵值法计算如下：

首先，采用正向指标标准化法，消除指标量级量纲差异；其次，运用熵值法确定指标权重，构建标准化矩阵。

确定"正理想解 D^+"和"负理想解 D^-"：

$$D^+ = (X_1^+, X_2^+, \cdots, X_j^+), \quad D^- = (X_1^-, X_2^-, \cdots, X_j^-) \tag{6-1}$$

式中，$X_j^+ = MAX(X_{ij})$，$X_j^- = MIN(X_{ij})$，$j = 1, 2, \cdots, n$。

测算实际值与期望值间的欧式距离：

$$P_i^+ = \sqrt{\sum_{j=1}^{m} (X_{ij} - X_j^+)^2}, P_j^- = \sqrt{\sum_{j=1}^{m} (X_{ij} - X_j^-)^2}, j = 1, 2, \cdots, n$$

$$\tag{6-2}$$

测算评价对象与期望值的贴近度 C

$$C = \frac{P_i^-}{P_i^+ + P_i^-} \tag{6-3}$$

式中，$C \in [0, 1]$，C 越大表明生态移民安置区社会空间融合水平越高，反之越低。

（二）秩和比法

采用从小到大高优指标编秩，获得 R_i，测算 RSR 值，以评价社会空间融合水平，其计算公式如下：

$$RSR_j = \sum_{i=1}^{m} W_i R_i, j = 1, 2, \cdots, n \tag{6-4}$$

式中，R_i 为社会空间融合水平指标秩次；m 为指标数；n 为样本数；W_i 为指标权重；RSR 值越大表明社会空间融合水平越高，反之越低。

（三）加权模糊社会空间融合指数

TOPSIS 法广泛应用于综合水平、质量评估，方法简易、灵活，结果直观可靠，但对异常值敏感度较高，易受干扰。秩和比法作为非参数方法，原理简单，数据限制性弱，借助秩次能够精确排除异常值，但原始信息易受损，而两者联合应用可取长补短。参考 FUZZY SET 理论，用 TOPSIS 法联合秩和比法，设定生态移民社会空间融合水平的 TOPSIS 值与 RSR 值权重比分别为 0.1∶0.9，0.5∶0.5，0.9∶0.1，两种方法联合测算，可以保证测算结果的稳定性。

（四）地理探测器模型

为探测生态移民社会空间融合发展的影响因素，采用地理探测器模型能有效探测生态移民安置区社会空间融合现象的空间异质性及驱动因素，具体探测原理如下：

$$P_{RH} = 1 - \frac{1}{j\sigma_f^2} \sum_{i=1}^{m} j_{R,i}\sigma_{R,i}^2 \qquad （6-5）$$

式中，P_{RH} 为探测因子 R 的探测值；σ_f^2 指因子方差；j 为研究社区样本数；$j_{R,i}$ 和 $\sigma_{R,i}^2$ 分别为 i（$i=1，2，\cdots，m$）社区样本量和方差。$P_{RH} \in [0，1]$，P_{RH} 值越大代表探测因子对生态移民社会空间融合水平解释力越大，反之越小。

第三节　生态移民社会空间融合

经 TOPSIS 熵值法、秩和比法测算，发现生态移民社会空间融合水平排序具有一致性。从表 6-3 中可知，银川生态移民社会空间融合水平介于 [0.304，0.502]，表明了生态移民社会空间融合水平偏低。同时，生态移民社会空间融合水平各维度排序为：空间适应 > 空间认同 > 空间归属 > 空间实践，表明在兼具客观性和主观性的生态移民社会空间融合发展评估中，两者联合评价生态移民社会空间融合水平更具客观性，也支持了测算结果的稳定性。

表 6-3　TOPSIS 法和秩合比法的结果对比

空间生产		社会空间融合水平	
		秩和比法	TOPSIS 熵值法
空间再现	空间适应	0.505	0.655
空间实践	空间实践	0.501	0.241
再现空间	空间认同	0.503	0.543
	空间归属	0.502	0.536
综合融合水平		0.502	0.304

一、生态移民的空间再现

生态移民社会空间再现水平偏低（见表 6-4），表征空间再现的空间适应介于 [0.517，0.640]。在生态移民社会空间生产过程中，政府基于掌握的信息和专业知识，植入权力和资本，规划建设生态移民安置区。生态移民迁入安置区增加了区域内公共基础设施承载压力，导致城市居民感知空间风险上升，基于其风险感知对生态移民产生争夺性强、文化素质低、交流不畅、不易相处等消极的刻板印象。而生态移民基于既有的空间生产方式，迫切需要扩张空间生产规模，满足教育、医疗、文体娱乐等生活空间服务需求。因此，生态移民迁入安置区对城市居民产生了"空间挤压"，导致城市居民与生态移民的空间对抗意识。受空间挤压和空间对抗的影响，生态移民在居住情况、生活方式、邻里人际关系方面表现出较低的适应性，其适应水平依次为 0.015、0.04、0.014，致使生态移民难以快速融入安置区的社会空间生产。

表 6-4　生态移民社会空间融合水平

社会空间生产系统		权重	0.1C+0.9RSR	排序	0.5C+0.5RSR	排序	0.9C+0.1RSR	排序	因子	权重
空间再现	空间适应	0.138	0.517	1	0.578	1	0.640	1	A1	0.015
									A2	0.04
									A3	0.014

续表

社会空间生产系统		权重	0.1C+0.9RSR	排序	0.5C+0.5RSR	排序	0.9C+0.1RSR	排序	因子	权重
空间实践	空间实践	0.418	0.475	4	0.371	4	0.267	4	B1	0.550
									B2	0.054
									B3	0.030
再现空间	空间认同	0.187	0.506	2	0.522	2	0.539	2	C1	0.004
									C2	0.060
									C3	0.048
	空间归属	0.256	0.505	3	0.519	3	0.532	3	D1	0.036
									D2	0.055
									D3	0.095
综合融合水平			0.494	—	0.466	—	0.438	—		

二、生态移民的空间实践

生态移民社会空间实践水平偏低，介于 [0.267，0.475]。生态移民安置区居委会虽较为频繁地开展社区活动，但生态移民参与意愿极低，如生态移民参与社区活动的意愿仅为 0.030，生态移民受邀参与社区活动情况为 0.550，主要原因在于生态移民的文化水平、劳动技能、生产技术等水平偏低。其参与的社会空间生产，较多是从事低技术水平、低收入的工作，换取满足其日常生活、医疗教育等所需资金，进而缺少参与社区活动的时间和精力。加之由于"空间挤压"，城市居民对生态移民形成不友好、争夺性强等消极的刻板印象。同时，生态移民与城市居民的空间互助实践和交流较少，双方均不愿率先表露善意和友好，使其空间实践互助意愿仅为 0.054，逐步导致城市居民对生态移民刻板印象固化，生态移民对城市居民防备心理增进，双方在空间实践中形成冷漠的态度。此外，受生态移民和城市居民的文化知识水平、乡风习俗和生活习惯的差异影响，易产生空间隔离，短期内难以消解。

三、生态移民的再现空间

生态移民再现空间水平也偏低，即空间认同介于 [0.506，0.539]，空间归属介于 [0.505，0.532]。主要原因表现在生态移民的自身移动属性，即他们携带固化的生活方式、组织方式、情感关系等迁入生态移民安置区，对新的情感关系、空间认同和空间归属培育产生强干扰作用。在空间再现过程中，城市居民对生态移民的刻板印象及双方空间挤压、空间隔离不断加深，生态移民感知到城市居民的社会排斥，尚未认同其市民身份，自动将其划出生态移民安置区。此时生态移民社会空间融入水平仍停滞在居住地和职业变动的外延式发展阶段，导致生态移民对社区管理者管理水平认同、社区整体环境满意度、社区名誉维护度等仅为 0.004、0.060、0.048，严重抑制了生态移民的社会空间融合发展进程。生态移民大多分批迁入，在特定区域内群体基于自身属性、固化观念和生产方式形成集聚群体，共同对抗生态移民安置区外部不确定因素，但高级且稳固的空间生产方式、生活环境、人际关系网络尚处培育和磨合期，表现出生态移民空间归属感偏低，其社区安全感、社区依恋感、社区亲切感等仅为 0.036、0.055、0.095。加之外部不确定灾害因子及与城市居民的空间隔离，空间认同和归属水平在短时期内难以提升。

第四节　生态移民社会空间融合影响因素和机制分析

一、影响因素识别

采用地理探测器的因子探测模块识别抑制生态移民社会空间融合发展的关键因子，采用风险探测检验选取的驱动因素。风险探测结果表明，12个因子均在 0.05 水平上显著，因子探测得出各要素对生态移民社会空间融合水平的显著性水平 p 值和解释力 q 值，测算后共得到 9 个因子的 p 值小于 0.1，在 90% 置信水平下通过显著检验。借鉴韩静在中国重点城镇布局归因中因子探测的 q 值选取标准，得出参与社区活动意愿（B1）、社区亲切感（D3）、社区整体环境满意度（C2）、生活方式适应性（A2）、社区名誉维护度（C3）的 q 值解释力较大，分别是 0.804、0.235、0.211、0.182、0.172，表明这 5 个因子对生态移民社会空间融合水平作用力最强。然而，居住情况适应性（A1）、参与社区活动意愿（B3）、对社区管理者水平的认同度（C1）、社区安全感（D1）的解释力相对较小，依次为 0.129、0.128、0.113、0.082。因此，选取参与社区活动意愿（B1）、社区亲切感（D3）、社区整体环境满意度（C2）、生活方式适应性（A2）、社区名誉维护度（C3），作为生态移民社会空间融合的主要影响因素，如表 6-5 所示。

表 6-5 生态移民社会空间融合因子探测结果

系统	解释力	探测因子		解释力
空间再现	0.156	空间适应	A2	0.182
空间实践	0.466	空间实践	B1	0.804
再现空间	0.162	空间认同	C2	0.211
			C3	0.172
		空间归属	D3	0.235

（一）社会空间融合发展的基础

空间再现水平是抑制社会空间融合发展的基础，表征空间再现水平的生态移民生活方式适应水平偏低，抑制生态移民空间生产融合发展。空间再现水平对生态移民社会空间生产融合的解释力为 0.156，生活方式适应性的解释力为 0.182，这符合生态移民社会空间生产的既有群体特征。生态移民安置区教育、医疗、服务、娱乐等服务设施基本实现均衡化配置，提升了生态移民生活、出行、工作等便利性，但互联网、大数据等信息技术应用在基础设施中，缴费、运营多为智能化或半智能化，与生态移民既有生活方式差异较大，生态移民缺乏相关经验积累，在部分基础设施共享和生活方式等方面易遭遇困扰。此外，搬迁前生态移民生活、生产空间较为开放，生活习惯、组织方式更为自由，而生态移民迁入安置区产生"空间挤压""时空压缩"现象，即生态移民原有生活感知空间缩小，城市居民活动空间受挤压，主要表现为生态移民生活、生产空间变小，原来自由开放的生活—生产—组织方式受生态移民安置区个体所属的空间规模所限制，生态移民产生心理落差感，表现出社会空间剥夺。大批生态移民迁入生态移民安置区后对区域教育、医疗、公共服务设施等需求量增加，开始与城市居民共享区域基础设施，增加了基础设施承载压力。城市居民对大批生态移民产生风险感知和空间资源争夺意识，易将生态移民安置的负面影响构建为生态移民群体的刻板印象。由此出现排斥生态移民群体的社会现象，导致双方文化交流产生隔离，生态移民错失借鉴城市居民经验的路径，压制生态移民空间适应水平的提升，制约生态移民社会空间融合发展。

（二）社会空间融合的关键制约因子

空间实践是生态移民社会空间融合的关键制约因子。空间实践水平对社会空间融合的解释力为 0.466，生态移民参与社区活动意愿的解释力最高，达到 0.804。主要原因在于空间实践活动是生态移民参与社会空间融入最直接的路径，也是生态移民与城市居民深入了解的关键路径。由于生态移民接受新事物能力和抵御外部风险能力较弱，自身知识储备、城市生活经验不足，生态移民在安置区的空间实践中率先表现出较强的防备心理，错失与城市居民深入交流的机会，继而错失对其生活经验和生产模式的学习机会，固化了部分城市居民对生态移民群体的刻板印象，加深了防备心理，从而产生了空间隔离。

同时，受生态移民既有文化程度、生活方式、组织方式等抑制，生态移民缺乏集体活动的经验和感知，加之谋生压力，占用生态移民生活及娱乐的精力和时间，导致生态移民参与社区活动意愿并不强烈，再次错失了与城市居民交流、了解的机会，阻碍了生态移民社会空间生产的融合发展。

（三）社会空间融合发展的内涵因子

再现空间是生态移民社会空间融合发展的内涵因子。再现空间水平对生态移民社会空间融合的解释力为 0.162，表征再现空间的空间认同、空间归属的解释力依次为 0.172 和 0.235。生态移民感知价值和空间认知的内在提升，能够促进生态移民空间生产融合的内涵式发展，而非简单接受政府实体空间安置的外延式发展。空间认同和空间归属是生态移民空间生产融合的高级阶段，该阶段将生成稳固的空间生产关系仍需经历一个较长的磨合期。然而，生态移民本身具有移动属性。比如随着生态移民的迁居，也促使其携带的文化、生活方式、情感价值的迁移，这将会导致生态移民携带的文化习俗与城市居民的文化习俗之间产生冲突及碰撞。这就是说，生态移民内部文化价值的固化，将会排斥安置区的文化习俗和生活方式，即基于文化习俗差异产生社会文化的空间隔离，会自动将其划出安置区。空间归属和空间认同的内在排斥力增强，抑制了生态移民空间认同感和空间归属感的增进。

二、融合机制分析

当前，生态移民社会空间融合属"空间挤压—资源争夺—刻板印象形成—空间隔离产生—生态移民空间生产模式和观念固化—空间生产低融合"阶段，亟待破解生态移民社会空间融合发展的恶性循环。为破解生态移民社会空间融合的关键抑制因子，采用因子交互探测去明确生态移民社会空间生产因子间的交互作用。结果表明，生态移民"空间再现""空间实践""再现空间"间不同因子交互后，对社会空间融合的解释力呈双因子增强趋势，可以用于解释生态移民的社会空间融合机制，如图 6-4 所示。

（一）"空间再现"与"空间实践""再现空间"的交互融合

加强"空间再现"与"空间实践""再现空间"的交互融合。生活方式适应性（A2）分别同参与社区活动意愿（B1）、社区整体环境满意度（C2）、社区名誉维护度（C3）、社区亲切感（D3）交互后，对生态移民社会空间融合水平解释力分别为 0.874、0.338、0.322、0.360，均高于单个因子的解释力。主要原因在于，生态移民能够局部摆脱地理空间贫困，迁入

	A2	B1	C2	C3	D3
A2	0.182	0.874	0.338	0.322	0.360
B1	0.874	0.804	0.875	0.833	0.909
C2	0.338	0.875	0.211	0.369	0.402
C3	0.322	0.833	0.369	0.172	0.392
D3	0.360	0.909	0.402	0.392	0.235

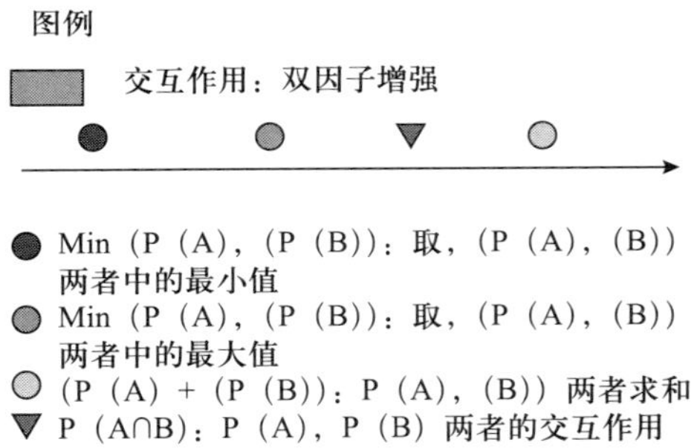

图例

交互作用：双因子增强

● Min（P（A），（P（B））：取，（P（A），（B））两者中的最小值

◐ Min（P（A），（P（B））：取，（P（A），（B））两者中的最大值

○ （P（A）+（P（B）））：取，（P（A），（B））两者求和

▼ P（A∩B）：P（A），P（B）两者的交互作用

图6-4 生态移民社会空间融合因子交互探测解释力

安置区改善了空间生产环境，发展新的空间生产关系。但生态移民迁入安置区不可避免与城市居民接触，由于双方生活方式、生产关系、文化习俗等存在显著差异。加之城市空间生产包容性较弱，在空间实践中双方形成"对抗式"思维，固化各自空间生产范围。

基于空间生产的文化习俗差异形成空间隔离，生态移民群体的地缘轮廓逐步形成，减缓了融合速度，使生态移民社会空间生产融合形成了恶性因果积累过程，故提升生活方式适应性与参与社区活动意愿、社区整体环境满意度、社区名誉维护度、社区亲切感之间的交互作用，能够破解社会空间剥夺对生态移民社会空间融合的抑制。

（二）"空间实践"和"再现空间"的交互融合

加强"空间实践"和"再现空间"的交互融合。参与社区活动意愿（B1）分别同社区整体环境满意度（C2）、社区名誉维护度（C3）、社区亲切感（D3）交互后，生态移民社会空间融合水平解释力分别为0.875、0.833、0.909。表明提升社区整体环境满意度、社区名誉维护度、生态移民社区亲切感与参加社区活动意愿因子间交互作用，社区空间生产融合水平显著提升。其中，提升社区亲切感是社会空间生产融合发展的内涵式要求，是生态移民社会空间融合最重要的内在驱动力。社区整体环境满意度、社区名誉维护度是社会空间融合的外部驱动力，生态移民在社区活动中增进与城市居民的了解，逐步弱化彼此间的刻板印象，并逐步将自身划定为社区不可分割的部分，加快了生态移民社会空间生产内涵式提升进程。

（三）"再现空间"内部关键因子交互融合

加强"再现空间"内部关键因子交互融合。社区亲切感（D3）与社区整体环境满意度（C2）、社区名誉维护度（C3）交互解释力分别为0.402、0.392（见图6-4）。表明生态移民安置区人口构成存在强异质性。源于生态移民与城市居民间缺乏情感纽带和共同文化习俗，社区缺乏核心凝聚力，城市居民和生态移民彼此视为过客，加之生态移民集聚增加了安置区及周边人口流量，城市居民的资源争夺的潜在风险感知上升。这与城市居民再现空间感知相似，生态移民迁入生态移民安置区，人口流量增大，且尚未形成稳固的情感纽带和生产关系，其社区风险感知同步增加，削减了社区亲切感知。因此，增进生态移民社区整体环境满意度、社区名誉维护度，促使生态移民社区亲切感同步提升，形成"共享共建—亲善友好—互动共融—认同管理者管理水平及市民身份—实现内涵式发展"的因果积累循环，推动社会空间生产融合趋向常态化。

经理论探讨和案例分析，可以梳理生态移民的社会空间生产互动格局及关系。生态移民搬迁伴随着生态移民空间功能的演替和环境实体的变化，催生新的生产方式和物质空间，共同作用于生态移民社会空间生产。空间再现是生态移民社会空间生产融合的基础，作用于空间实践和再现空间生产，空间实践和再现空间生产反作用于社会空间适应性、集体行动和制度政策，共同推动生态移民社会空间融合水平。生态移民空间实践利于实现协调有序的空间再现，为社会空间融合发展创造前提，反之，若欠缺空间实践，易导致生态移民的空间再现和再现空间失衡，及生态移民与城市居民产生社会空间隔离。通过分析生态移民社会空间融合及互动影响，识别、梳理实现生态移民社会空间融合的路径及内在机理，如图6-5所示。

本章认为，在生态移民社会空间融合过程中，空间再现是保障生态移民政策落实，促进生态移民社会空间融合的基础。生态移民的空间实践和集体行动是实现社会空间生产和融合的关键，而和谐融洽的再现能保障空间再现、空间实践均衡发展，是实现社会空间融合的根本。因此，在制度、资本、文化、血缘纽带及生产关系与行为习惯影响下，生态移民建构身份认同、血缘纽带、集体行动及和谐融洽的社会空间生产关系，能够加强生态移民生活方式适应性与参与社区活动意愿、社区整体环境满意度、社区名誉维护度、社区亲切感的交互影响，也能破解生态移民社会空间剥夺，即优化生态移民安置区空间结构和空间组织，破解空间冲突和社会空间生产发展失衡，降低生态移民在生态移民安置区的失落感。加强生态移民参与社区活动意愿与社区整体环境满意度、社区名誉维护度、社区亲切感间

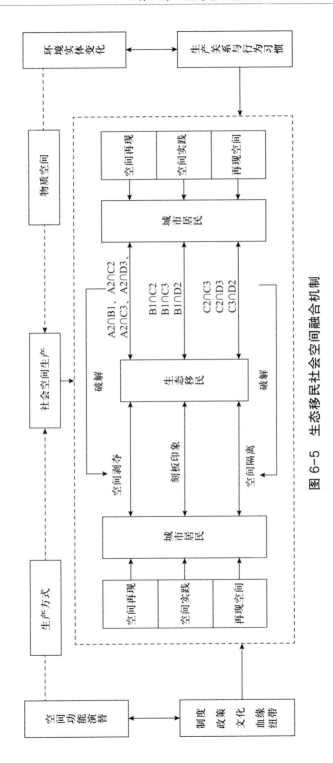

图 6-5　生态移民社会空间融合机制

的交互作用，在空间实践交流中改善城市居民对生态移民群体的争夺性、不易相处、防备心理强等负面的刻板印象。加强社区整体环境满意度与社区名誉维护度、社区亲切感及社区名誉维护度与社区亲切感的交互作用。在文化习俗尊重、交流中破解因社会文化习俗差异产生的空间隔离，以此协调、保障空间再现、空间实践和再现空间。实现生态移民安置区的三元空间协同有序发展，既是生态移民安置区社会空间有序生产过程的首要问题，更是实现其社会空间融合的内在机制要求。

本 章 小 结

本章从空间生产理论三元辩证视角出发，通过银川 4 个典型安置区 450 位生态移民的访谈调查，厘清了生态移民社会空间融合的三元互动过程，测度出三元空间关系格局下的生态移民社会空间融合水平及影响因素，明确了生态移民社会空间融合机制，并验证了空间生产理论引入我国生态移民研究的适用性和科学性，其主要发现如下：

（1）银川典型安置区生态移民的社会空间融合水平整体偏低，社会空间剥夺抑制了生态移民空间再现融合水平，空间实践错位约束了生态移民空间实践水平，空间隔离阻碍了再现空间融合水平。

（2）银川生态移民社会空间融合的关键影响因子依次为参与社区活动意愿、社区亲切感、社区整体环境满意度、生活方式适应性、社区名誉维护度。其中，空间再现是基础因子，提升生态移民生活方式适应性有助于提升社会空间融合水平；空间实践是关键驱动力，对参与社区活动意愿的驱动力最强，在空间实践中良性的互动活动可以起到带动和示范作用，促进生态移民与城市居民间良性互动，消解彼此间的刻板印象；再现空间是内涵因子，生态移民社区亲切感的提升对其社会空间融合的作用较强。

（3）银川生态移民社会空间融合水平提升的关键路径，包括提升参与社区活动意愿与社区亲切感，参与社区活动意愿与生活方式适应性、社区整体环境认同、社区名誉维护度间的交互作用，以及破除空间剥夺、刻板印象、空间隔离的恶性循环。

　　总的来说，本章为提升银川生态移民社会空间融合水平提供了策略性指引，特别是能为我国其他生态移民安置区的城市治理及规划提供了相应的参考依据。此外，本章可能存在以下不足之处，即考虑到生态移民的特殊性与复杂性，本章采用的样本量相对偏小，可能难以全面地概括生态移民迁入城市所形成的复杂的空间组织关系和生产关系。因此，未来的研究可以通过增加样本量进行更深入的分析，并以此为契机，探索生态移民社会空间融合模式及融合策略，并走好生态移民社区治理的"最后一公里"。

第七章 动迁安置社区空间生产协同治理

第一节 从社区治理到动迁安置社区治理

一、社区治理

社区治理是社会治理的基石，通常指社区范围内的多个政府、非政府组织机构，依据正式的法律、法规以及非正式社区规范、公约、约定等，通过协商谈判、协调互动、协同行动等对涉及社区共同利益的公共事务进行有效管理，从而增强社区凝聚力，增进社区成员社会福利，推进社区发展进步的过程。

社区治理的概念在我国的发展可以分为两个阶段。第一阶段是新中国成立初期到 20 世纪 80 年代，由于我国当时的政策，同一社区的居民多在同一单位工作，相应的社区治理是以单位为抓手对居民进行集中管理与控制，负责居民的资源配置、交往活动等。第二阶段是改革开放到现在的社区治理模式。改革开放后期，单位制因无法适应时代而瓦解，进而社区居民的结构开始由同一单位的成员转变为互不相识的住户。此时，政府成为社区治理主体，企业、私人机构、非政府组织等也通过同政府机构合作协商，参与社区管理工作，社区治理主体呈现多元化。并且随着社区治理主体的丰富，社区管理开始真正趋向社区治理，其治理的内容和目标逐步明确和扩大。1986 年，民政部提出"社区服务"概念，党的十八届三中全会之后，"社会治理"取代了"社会管理"，标志着社区治理的主体、方式、范围等的全面变化。此后，随着社会的进一步发展以及科学研究的深入，社区治理的各种科学理念被多元化的广泛提出。例如，多元主体协同治理模式等是创新社会治理体制的探索实践。从"治理"到"善治"，成为目前社区治理的新目标。

新时代社区治理主要有四层意思：

一是社区治理的主体多元化。第一类主体是政府，政府在社区治理特别是农民集中居住区社区治理中依然起主导作用，是公共服务主要提供者。第二类主体是社区居民和代表居民行使权力的居委会，他们通过相互之间的协商与合作，共同决定和处理社区公共事务。第三类主体是企业、私人机构等，它们通过与政府等达成协议，建立协作关系，成为一种新的主体参与社区治理工作。第四类主体是社会组织及志愿者组织，他们主要作为社区治理重要补充，实现社区治理的良性互动。

二是社区治理的目标过程化。社区治理除了明确的任务目标外，过程目标更是其所注重的因素。社区治理要根据居民的主观愿望和客观需求，解决社区存在的问题，完成具体的、看得见的经济社会发展任务。此外，社区治理还要培育社区治理的基本要素，包括调动社区居民参与公共事务，培育改善社区组织体系，建立正式、非正式的社区制度规范，建构社区不同行为主体互动机制等。这些社区治理的过程目标只有在社区治理的长期过程中才能逐渐培育起来。

三是社区治理的内容扩大化。社区治理的内容涉及社区成员社会生活的诸多方面，事关社区成员的切身利益。它包括社区养老服务与社区困难救济；社区安全与综合治理；社区公共卫生与疾病预防；社区环境及物业管理；社区文化和精神文明建设；社区社会保障与社区福利等。要做到社区公共事务的治理，必须最大限度地整合社区内外资源，构建社区治理机制，调动社区居民参与，达成社区事务的良好治理。

四是社区治理是上下联动、多维互动的过程。社区治理区别于政府行政管理，其权力运行方式并不总是单一的、自上而下的。社区治理并不是通过发号施令、制定执行政策等达到治理目标，而是不同治理主体通过协商合作、协作共建等建立共同目标，进而依靠居民内心的接纳和认同而采取方向一致的行动，从而实现对社区公共事务进行有效治理。多维度、上下互动的过程使得社区治理源于人们的同意和认可，而不是外界的强制和压力。

二、动迁安置社区治理

动迁安置社区治理与社区治理相比，两者本质概念是相同的，具体指政府、安置居民、辖区单位、其他社会组织等多方主体，以市场原则、公共利益等为重要基础，协同开展相关工作，为社区居民提供各类公共物品，对社区整体秩序进行优化的过程。但是，动迁安置社区治理与城市社区治理存在本质区别，因其在形成背景、主体、主体的内在需求、内容和方式等方面具有特殊性，导致现有关于社区治理的一般经验并不能直接照搬到动迁安置社区的治理中，增加了治理的难度。

动迁安置社区是被动产生的一种过渡性社区，在社区转型过程中，安置居民对于城市社会的适应会有一个相对漫长的过程。虽得益于政府的补偿与集中安置，安置居民能在短期内解决一些问题，但因安置居民群体观念较为保守，生活习惯等发生较大变化，在新的生活环境中仍面临就业困难等因素的影响，往往产生融入困难等不适应的现象，甚至一些安置居民还出现隐形贫困现象。其中，生态移民面临的社会问题更加严重，因其对土地的依赖性更强，在生产、生活、文化等方面更难融入城市社会。若不能有效解决安置居民的社会融入特别是经济融入问题，将极有可能造成较严重的社会风险并由此引发"逆城镇化"危机。因而，动迁安置社区的治理，不能仅仅生搬硬套一般城镇社区的治理模式，更不能仅仅强调管理体制创新，应更注重社会转型背景下安置居民的社会融入特性与社区治理的内在联系，把握不同安置方式下和不同空间生产时期的社会融入特征，探索动迁安置社区的有效治理路径。

第二节　动迁安置社区的治理困境与存在问题

一、银川动迁安置社区空间生产治理困境

动迁安置工程不仅改变了安置居民的生计空间，而且改变了生存的社会空间，而搬迁的最终结果是要充分实现迁入居民完全融入安置区的经济和社会生产。促进搬迁居民实现社区融入是他们社会融入第一步，也是关键一步，对其长远发展具有积极影响。

（一）社区空间实践与再造的逻辑困境

动迁安置工程是居民居住空间由散居向聚居转变的过程，更是生产生活方式、文化心理、社会网络、基层治理的消解与重塑过程。搬迁前，安置区居民多居住在传统村落中，乡土社会和生存空间边界相对稳定，具有相同的文化习俗和认同，形成了典型的熟人社会空间，或者称为社区共同体。搬迁后，因多种动迁原因而导致不同村落的居民共同居住，动迁安置社区的人员结构重组，构成新的空间生产系统。这种由村落到社区的空间生产和组织模式，不仅打破了原有传统文化上的平衡，形成了差异化的多元空间，也使搬迁居民的居住空间转向压缩与集聚，改变了原来熟人社会的物理空间形态、社会地域边界和社会空间，难以达到社会认同和情感归依。搬迁群众进入安置区后，在生计和生活方式层面将面对转型及改变，以及生计方式和社会文化层面的适应。这种调整和适应体现在迁入居民在转变传统生计、文化资源时，割裂的文化转型阵痛。

在空间经济学研究视角下，动迁安置社区是典型的居民空间再造特征，是一个物理空间、生计空间、文化空间、社会空间、政治空间等多元空间

重构的过程，是加强动迁安置社区治理体系建设促进搬迁居民社会融入的过程，是加快基本公共服务等资源要素共享和辐射的过程，更是搬迁居民自我文化素质提升的发展能力场域。在经济学、社会学研究视域下，动迁安置社区空间生产主要包含3个层次：由分散居住到集中安置带来的居住空间的压缩与基础设施共享、基于生计模式转变形成新的空间生产关系以及从同质向异质转变的文化心理空间的消解与重塑。正是基于这种安置社区的空间生产逻辑，动迁安置社区的空间生产过程中，迁入社区的居民在实践与思维文化逻辑上和新的空间生产关系很大程度上会产生矛盾，如迁入居民告别搬迁前居住的传统熟人社会，社区邻里间因文化习俗和思维观念差异导致沟通障碍而产生陌生化。此外，因迁入居民打破了自给自足的生活方式导致居民生活成本开支增加。加之，重构后的动迁安置社区，居民社会结构和生产关系简单，叠加社区共同体意识缺失、心理文化割裂的阵痛以及社会调适的张力等因素，诸多因素共同作用导致动迁安置社区治理与社会融入的理论和逻辑困境。

（二）动迁安置社区的治理困境

动迁安置社区是我国城镇化发展的特殊产物，它们因城市更新、扩张和扶贫搬迁而形成，是连接农村基层管理与城市基层治理的有机载体。在社区治理方面，它们区别于以乡风文化、乡绅能人治理为基础的传统乡村村落，也不同于相对完备和现代化治理体系的城市成熟社区，是一种过渡性社区，其治理结构与治理关系呈现出新的形态，形成全新的空间生产关系。因此，动迁安置社区在一定程度上具有"亦城亦乡"的过渡型特征。

（1）社区治理主体（社区管理人员）具有过渡性。搬迁安置区内社区管理人员由两部分构成，分别为原村委会成员直接充实和上级委派，属于过渡型的人员构成形式。选用原村委会成员主要考虑原村委会成员比较熟悉原有村落情况，且在当地属于"精英人物"，具有一定的权威性和话语权，有利于安置区后续工作的开展。部分管理人员由上级委派主要考虑到动迁安置社区属于新的城市社区，他们熟悉城市现代社区管理，具有一定经验，同时迁入居民融入城市生产和生活需要一定指导和帮助，他们与原村委会成员共同组成动迁安置社区管理组织，协同社区治理和迁入居民社会融入。但是，这种在村委会形成的固有工作理念和管理方式，仍需要在城市社区管理实践中进行检验和调整，促进动迁安置社区空间生产系统发展。

（2）社区治理模式以政府主导型为主。目前，安置区的社区治理组织主要由社区党支部、居民委员会和社区服务中心组成，动迁安置社区还包括各类社会服务组织（如物业公司等）和迁入居民自发组成的社会群团组织，治理体系相对完备。虽然动迁安置社区的治理主体具有多元性，但政府在社区治理中占据主导地位。动迁安置社区居委会是社区公共事务的管理者和政府基层政策的执行者，因被赋予了过多的职能而造成治理效率较低。

（3）社区治理客体（迁居居民）的身份具有双重性。动迁安置社区打破了迁居居民原有的居住形态和组织体系，再造了基层政权和自治机制。由此，导致迁居居民拥有了双重身份（迁出地村民和安置区居民）和双重经济关系（迁出地集体经济成员和安置区共有经济成员），这种并行不悖的身份和经济形态，既不利于安置区的社区治理与服务，也影响了后续的社会融入程度，亟须理顺和统筹解决。

（三）迁居居民被动市民化困境

迁居居民由分散居住的村落集聚到新建的动迁安置社区，其生产、生活方式和社会关系发生巨大转变，"新主体陌生人社区"是动迁安置社区的结构特征。为推动基本公共服务均等化，为动迁安置居民建设安置社区，在居住空间上实施了城镇化安置。然而，动迁安置居民的城镇化过程具有强烈的被动性特征。如部分安置居民户籍身份仍为农村户口，难以实现市民身份转化。加之农民身份与城市低保、社保间存在巨大鸿沟，抑制农村户口安置居民享受平等的社会保障。此外，搬迁居民参加的社会保险主要为新型农村合作医疗和农村养老保险。受户籍限制，他们只有进行户口迁移后才能够参加城镇居民医疗或养老保险。

在居民身份认同方面，虽然居住空间与传统村落在地理空间上分离，但迁居居民生活习惯、文化习俗、思想观念、社会价值等仍然保留，短期内难以产生本质改变，自我身份定位仍为农村人或城市边缘人。在迁居居民被动市民化进程中，由于居住空间的改变，迁居居民的生计方式从以农业为主转变为以非农业为主、以地缘亲缘为主的情感型社会关系逐渐转变为以业缘为主的契约关系，传统文化习俗正慢慢淡化，个人主义价值观兴起，社会信任度降低。原乡村"熟人社会"结构转变为目前维持旧有关系的"半熟人社会"，甚至今后可能转变为"陌生人社会"。在这一变化过程中，搬迁居民不仅面临着生计方式改变后的生存压力，更面临着如何融入和适应新的社区文化环境等诸多问题。

（四）居民自治与社区管理的困境

自动迁安置社区的工作重心转向后续扶持后，动迁安置社区建设取得了一定成效，例如，社区治理体制机制日趋成熟，搬迁安置区的基础设施建设和公共服务设施配套逐渐完善、社区管理模式不断创新，物业管理有序运转，搬迁群众社会融入和心理认同不断加强，但仍存在着基层党建有所缺位、自治建设较为乏力、管理水平不够高等亟待破解的现实困境。

（1）搬迁人员构成复杂，社区事务参与度低。迁居居民由来自农村不同地区的人员组成，居民间异质性强，例如，认知能力存在差距、素质参差不齐，且部分仍然保留着在传统村落的生活方式。例如，在楼房内烧火做饭、楼道内堆放木柴杂物、公共绿地种菜等。此外，迁居居民对社区治理参与度较低，许多事情不管不问，甚至破坏园区公共设施发泄自身情绪，更有部分人员法制意识淡薄。这些都加重了社区治理的难度，如何改变居民的陈规陋习，重拾社会公德和家庭美德，是迫切需要解决的现实问题。

（2）社区管理水平较低，"人户分离"现象较为严重。近年来，随着土地及其附属权益的日益增加，耕地地力保护补贴等各项强农惠农政策的不断出台，加之户口是否迁移由搬迁农户自愿选择而不强制迁移，不少贫困户不愿意放弃原有的耕地、宅基地，权益问题导致个别贫困家庭"人户分离""两头占""放弃搬"等现象，导致社区治理混乱，管理缺位，搬迁的稳定性受到考验。因此，加强移民社区基层治理体系建设、创新治理方式、提高治理能力，是当前搬迁安置区社区亟待解决的问题。

（五）搬迁群众社会融入的文化困境

从散居到聚居的居住方式带来了家庭结构、代际关系、社会网络和社区治理等社会结构和制度的变迁，使迁居居民在搬迁初期生计空间断裂，难以实现社区融合。其中，文化心理差距、共同体意识消弭、社会公平正义缺失导致居民间深层次的空间隔离。社会融入是搬迁群众与安置区当地居民相互适应、相互交往沟通的一个过程。搬迁前，迁居居民生活在具有"熟人社会"结构的乡村；搬迁后，迁居居民生活在具有"半熟人社会"结构的动迁安置社区。搬迁居民在动迁安置社区中，既有医疗、教育、卫生、就业等基本公共服务方面的物质需求，也有归属感和社会认同等方面的精神需求。两种生活环境在政治、经济、文化、习惯、心理等方面有着较大的差异，导致搬迁居民可能会产生身份认同的焦虑和心理的困惑，原有村落的文化信仰出现断裂，社会交往被阻隔，自我适应和自我调节能力降低，要想彻底融入新社区仍需要较长的磨合过程。

不同的地域、不同的生活环境会造就不同的文化环境与价值体系。搬迁前，迁居居民居住的农村区域在文化上具有单一性和同质化特征；搬迁后，迁居居民所面临的文化环境跳跃到了多元化和异质化层面上。这种看似带有环的身份剧烈的"社会跃进"，在带有不同村落文化背景、不同价值观的居民被搬迁到安置区内，会让搬迁群众产生不理解、不认同，甚至会有一种挫败感。只有彻底消解他们原有的村落文化才能不断适应新的文化心理空间。

二、动迁安置社区现存治理问题

（一）治理理念滞后

社区治理理念是社区社会空间生产过程中重要的空间的表征，并指导社区空间生产的实践。在动迁安置社区中，治理理念不仅受社区管理者的影响，还受到社区居民的影响，传统的治理观念随着迁居农民走进了社区，并影响社区治理。其中，首要表现即为居民法制观念的淡薄。在笔者走访宁夏银川被征地农民安置社区、红寺堡区生态移民安置社区等社区的过程中，发现社区治理面临的首要难题是社区居民的法制观念缺乏，大多数受访者对于法律常识及拆迁规定一知半解，甚至有居民完全不了解相关的法律法规。在处理纠纷时，熟人社会中引导的所谓"靠关系办事"的观念占据着主导地位，其结果是群众不信法、不守法，少数干部以权代法，甚至是徇私枉法。

另外，平等协商观念的缺失。在走访中，多数人认为"平等协商的缺乏"影响了社区和谐。少数基层干部在宣传、执行国家政策时，未能充分考虑群众的理解接受程度，经常采取填鸭式的方式，与群众缺乏平等的沟通协商。不少民众在与干部发生利益纠纷时，常常忍气吞声、逆来顺受，不敢据理力争。平等协商观念的缺乏，不仅助长了某些干部的官僚作风，也不利于基层民主自治建设。

（二）治理主体有待丰富

共建、共治、共享理念要求在党和政府的主导下，引入多元主体，通过协助合作，实现社区的和谐治理。

第一，多数动迁安置社区存在治理主体单一的问题，处理事情的模式往往集中且杂乱，更甚至存在"小事不办，大事延办"等问题，而造成这些问题的原因并非管理者不作为，而是单一的治理主体无法有效处理纷繁复杂的社区事务。因此，社区治理主体的多元化亟待完善。此外，在调研过程中还发现，少数基层干部未能充分想群众之所想、急群众之所急、解群众之所难，甚至对于群众的利益诉求有所推诿，还有个别干部以权谋私的问题，将治理主体多元化、权力分散化。

第二，群众参与度低，公共意识缺乏。社区多元治理应鼓励社区群众的加入，但在走访中发现，"经常参与"社区管理的民众较少，大部分社区居民均"不参加"社区事务。多数民众缺乏自我服务、自我治理、主动参与的意识，认为社区管理是干部的事。另外，在参与公共活动时，多数人较为注重具有回报性的事务，至于奉献和服务性的事务，表现得漠不关心。公共精神的缺失，既影响了被征地农民市民化中责任意识的养成，又不利于提升社区认同感。

第三，社区多元治理主体缺少专业人才的参与。专业社工人才具有一定的专业知识与技能，在社区建设、预防犯罪、矫治帮教、纠纷调解、应急处置等方面发挥着重要的作用。但目前此类人才是动迁安置社区治理的一块空白。

第四，缺乏社会组织的参与。在共建共治过程中，社会组织以非正式的力量嵌入社区，能够发挥"润滑剂"的作用，协助政府优化公共服务格局，加强政府与民众的互动。同时，也能够为民众提供多层次、多元化的优质服务，不断满足民众的美好生活需求。笔者走访发现，动迁安置社区在社会组织引入和完善上有待提高。少数社区有"老年人服务中心"等，其他类型的社会组织有待完善。

（三）基层管理制度不健全

打造动迁安置社区共建共治共享的新格局，需要健全的制度体系，促进多元主体的良性互动。目前的基层管理制度在统筹机制、民主监督机制、社区财务管理机制等方面都有待完善。

第一，统筹机制有待健全。随着城市化进程的加快，经济社会发展日新月异，加强统筹机制建设，有助于理顺多方关系，凝聚共识，产生合力，促进社区建设。

第二，民主监督机制不完善。在走访中，大多数的受访民众认为社区管理缺乏民主，往往是"干部说了算"。在土地征迁、房屋拆迁、集体资产管理等重大事项上，民主管理、民主监督流于形式。加之信息反馈渠道比较单一，民众难以顺畅地反映问题，也增加了上访、挡路、堵门等群体性事件发生的可能性。

第三，社区财务管理机制不完善。在信息公开上，对于村民过渡费、养老补贴等标准款项，大部分社区公开得比较规范、及时，而对于集体补偿款的收支、门面房的盈利及分红、宅基地的补偿等项目，一些社区公开的定期性、及时性不高，财务账目避实就虚，细化程度低，倾向于公布总账、大账，而缺少小账、流水账。

（四）治理面临不确定性

伴随着新冠肺炎疫情多方渗透和局部暴发的样态，治理的不确定性和差异性在基层社区空间汇集，如何利用治理体系的转向促成基层风险防控机制常态化，成为基层社会治理亟待关注的议题。

三、社会融入背景下动迁安置社区的治理重点

动迁安置居民的社会融入主要包括经济融入、社区融入（包含文化与心理融入）和政治融入三个层次。经济融入是城镇集中安置下移民所面临的最为迫切的问题，也是决定其能否实现可持续发展和避免"返贫"风险的前提。解决了基本的生存问题后，居民社会融入的重点则转向以社区认同和文化生活为主的社区融入。社区认同和归属感又是社区居民参与公共事务的前提和动力，因而，高水平的居民社区认同会促使移民社会融入的重点转向以公共参与为主的政治融入。因此，居民的社会适应存在一个从经济融入到社区融入再到政治融入的递进关系。根据居民社会融入递进的逻辑关系，可以将不同时期的社会融入分为三个阶段：前期的经济融入、中期的社区融入和成熟期的政治融入。集中安置下居民社区的治理重点应以社会转型期移民的基本诉求为导向，切实解决移民各个时期最亟待解决的问题，引导居民转变身份，最终实现移民自治。

（一）前期的经济融入

经济融入是动迁安置居民面临的最根本的生存问题，是实现居民社区稳定可持续发展的前提。居民的经济融入主要体现在生产方式、就业和民生适应等方面。就生产方式而言，居民因搬迁失去土地而处于"集体失业"的困境，生产方式由农耕转变为务工，而非农就业的稳定性较差。就转移就业而言，一是居民缺乏主动就业脱贫意识，一味依靠政府政策支持；二是居民由于文化程度普遍较低，缺乏非农职业技能，门槛低的岗位少且竞争激烈，因而就业困难；三是妇女、老人和45岁以上的男性群体因被就业市场排斥而成为就业困难户。就民生适应而言，城镇生活成本更高，居民缺乏稳定收入，因而经济压力增大；生态补偿相较于其他征地拆迁补偿力度更低，居民并未享受政策优惠，仅依靠生态补偿也不是实现居民可持续发展的有效手段。

（二）中期的社区融入

社区融入是居民中期发展需求的主要内容，良好的社区融入可以提升居民的社区认同感与归属感。学界对社区融入有两种界定：一是将社区融入看作社会融入的浓缩，二是强调居民的心理归属感和社会文化融入。本章的社区融入属于第二种。

首先，动迁安置社区的居民属于非自愿居民，乡土情结使得居民在市民化过程中融入意愿更弱，阻碍了社区生活共同体的生成，居民普遍缺乏社区归属感。

其次，搬迁破坏了居民原有的社会关系网络，居民从农村熟人社区进入城市陌生人社区，邻里关系淡漠。由于缺乏精神文化生活，大量闲散人员可能染上"赌博""吸毒"等不良恶习，破坏社区稳定。

最后，居民思想观念落后，仍保留着农村生活的陋习、法制观念淡薄等，阻碍了现代化城市社区建设。

（三）成熟期的政治融入

动迁安置社区治理的最终目标是实现居民自治，所以，政治融入是成熟期社区治理必须面对的问题。居民参与公共事务的积极性有所提高，居民主体意识增强，越来越关注公共利益和公民权利的实现。在资源有限的社区群体生活中，居民对公共服务的需求量增加，且更加注重公共服务质量和效率以及公共利益的平等分配，从而对社区管理的利益表达机制、监督机制、沟通机制等社区制度建设都提出了更高要求。居民希望参与到社区治理的决策中，共同参与社区的建设。如何将居民的意见和建议有效纳入社区服务体系中，实现居民的自我管理、自我教育、自我服务，并最终实现社区自治，是动迁安置社区治理无法回避的问题。

第三节　动迁安置社区社会空间生产协同治理的原则与目标

一、动迁安置社区社会空间生产协同治理原则

依托社区内外各种基础设施以及线状交通设施在内的空间位置关系和空间生产系统，相互联结，就形成了具有一定空间生产功能的安置社区。动迁安置社区社会空间协同发展是安置社区空间生产的关键。同时，动迁安置社区在内外部各种力量作用下，空间生产关系处于不断动态变化和发展过程中，不同类型动迁安置社区和动迁安置社区的不同发展阶段，城市空间和安置社区空间生产呈现不同特点。因此，动迁安置社区社会空间协同应依据以下原则。

（一）一体化发展原则

动迁安置社区无论是空间位置还是空间生产关系，均处于城市建设边缘和外围。在城镇化推进中，动迁安置社区被纳入城市规划，在空间上体现为城市与边缘地区一体化发展，具有空间稳定性。城市核心区经济发展也能带动边缘地区发展。同时，在资源供给、市场和劳动力等方面对边缘地区具有一定依赖性，受到边缘地区发展速度和水平的约束。从而，动迁

安置社区与城市构成了发展上的整体性和联动性。

（二）分类治理原则

各种不同动迁原因的居民按照政府行政规划迁入安置实体区，组建了新的社会空间生产系统和空间生产关系。由于不同动迁原因居民原社会环境、风俗习惯、思维观念和环境感知水平等均存在差异，各具特色，在安置社区空间生产中所起的作用也有差异，并往往具有根植性。因此，应按照动迁原因将动迁安置社区进行分类，通过针对性善治举措，不断完善和升级动迁安置社区社会空间生产系统。

（三）社区治理发展阶段原则

动迁安置社区物质空间和社会空间生产一直处于动态演变过程中。在城市化不同发展阶段，动迁安置社区建设、土地开发方式和空间生产组织形式也不相同。从本质上讲，动迁安置社区社会空间协同发展是处理好分散与集聚、公平与效率的问题。一般而言，居住空间分散的区域，其空间生产模式应采用增长极发展模式与分散地域一体化发展相结合的模式。

首先，开展自上而下的发展策略，在新的动迁安置社区发展中，通过城镇化战略结合个体经济的发展形成内驱发展力，积累生计资本。

其次，选取适当时机，实施"中心化"战略，选择1~2个最佳区位，建立居民区域空间生产的增长极，促使不同区域动迁安置社区空间生产形成可持续的发展机制。对已实施迁居的动迁安置社区，由于其依托城市发展增长极，进一步完善动迁安置社区社会空间生产系统。

最后，加强动迁安置社区和城市经济发展及现代社区建设的各种联系，实施分类治理，形成合理的社区治理体系，使区域内社区形成均衡化和网络化的发展趋势。

（四）内力与外力结合原则

动迁安置社区社会空间治理的最终目标是促进社会空间生产协同发展，建立新型、有序的生产关系流动的空间生产体系。

首先，利用区域基础，充分挖掘城市发展潜力。要充分考虑到区域城市化发展阶段和发展内涵，城市动迁安置社区建设已有基础和发展条件以及区域经济发展水平，以现有的动迁安置社区建设的成功经验为依托点，结合区域实际情况，逐步拓展动迁安置社区社会空间生产系统。

其次，动迁安置社区建设必须融入城市空间建设体系，防止孤立和边缘化，有效参与城市分工，共享城市建设成果。因此，动迁安置社区社会空间协同发展在集聚内驱力时，也要善于借助外力，实现两者的耦合，从而提升动迁安置社区物质空间和社会空间耦合协同水平。鉴于此，要做到以下两点：

一是要考虑国家和区域城市化发展战略及进程。区域建设动迁安置社区与城市更新、旧城改造、易地扶贫搬迁和生态移民等工程密切相关，也以此为依据和基础展开。所以，动迁安置社区建设要与国家发展战略和方针政策一致。

二是要利用存在的区域优势，创造条件，吸引更高级生产力，借助高级生产力发展空间生产关系，协调动迁安置社区社会空间发展。

（五）宏观与微观结合原则

动迁安置社区社会空间生产协调发展主要是宏观调控，要顺利实现宏观调控目标，必须认识到微观社区空间组织和关键的作用。另外，社区治理宏观政策的成功实施，还必须考虑到市场和企业等主体的力量，只有政策导向、企业利益和迁居居民利益相一致，才能顺利达成动迁安置社区社会空间生产协调发展的目标。

二、动迁安置社区社会空间协同治理目标

根据银川动迁安置社区社会空间生产现状，总体上应该采取不平衡发展模式，分类实施。

（一）推动集体经济转型改制

从集体经济发展看，动迁安置社区建立后集体经济组织从居委会中分离出来，不但初步理顺了社区组织关系，更使得经济组织回归集体经济经

营管理的职责本位，为集体经济的市场化和专业化提供了可能。让集体经济成为真正的市场主体，推动集体经济的转型改制和创新，严格遵循集体资产的股份化、现代企业管理制度和集体经济收益集体分配的原则，让居民以个人的资产入股，实现原有的资产向股份转换，让农民成为股东，确保农民对所持股份的收益权和管理权，实现集体经济成为农民入股、主体多元的市场主体。

一是集体经济组织形式的创新，主要包括集体资产运营、集体资产市场化及集体经济组织管理上的突破。

二是集体经济发展方式的创新，实现集体经济由粗放式向集约化的转变。

（二）理顺社区组织管理架构

在推动社区建设和社区管理体制改革进程中，现阶段的社区治理主体是由"单一的权力主体"向"多元化的主体"转变。这种多元化主体在动迁安置社区管理体制中主要体现为社区党组织、集体经济组织、社区居委会和社区服务中心四个方面。

在基层社区制度设计方面，首先，强化制度建设，形成多元治理格局，通过设置社区服务中心，统筹政府职能部门在社区的公共行政服务工作，居委会则回归自治组织，在组织社区居民开展各类活动、提供相关服务等方面起到作用，逐渐形成政府职能部门、街道办事处、社区组织、社区居民等多元主体参与的基层治理格局。其次，明确各社区组织功能定位，形成"参与式"的治理模式，清晰管理理念，形成以社区党组织为领导核心、社区自治组织为主体机构、社区服务的公共组织为服务平台、社区集体经济组织为支撑、社区群团组织为辅助和社区社会组织为补充的组织体系。

（三）积极培育社区社会资本

社区社会资本主要指居民间的信任和沟通，社区的制度和规范，社区关系网络和社区的各类组织。社会资本具有凝聚、整合、同化、规范社会群体行为和心理的功能。动迁安置社区治理的最终目标是塑造现代生活共同体，建设成熟的城市社区。因此在动迁安置社区中要努力培育社区资本。

一是培养居民参与意识，提高居民社区事务参与程度的主要措施是积极开展多形式、多渠道的社区活动，使社区管理目标成为社区居民共同的关注点，积极鼓励居民讨论并形成共同的生活理念与方式，逐步建立起社区居民共同的认同感和归属感。

二是积极培育和发展社区社会组织，社区社会组织具有组织引领、协调整合、示范带动功能，在规范居民行为、扩大公众参与、提供公共服务等方面有积极作用，是推动居民参与和社区自治的重要力量。

三是重塑具有共识性的社区文化，社区文化的形成与发展能够极大地提升社区居民的凝聚力和营造社区居民的归属感，同时可以增强居民的社区意识，维系社区居民日常的人际交往关系，促进居民更好更快地融入到社区治理中，使社区由单一的居住场所转变为具有生活意义的复合共同体。

（四）推动公共服务均等供给

公共服务均等化是"在一个国家内，处于不同地区的所有居民都能享受到大体相等的基本公共服务"。动迁安置社区由农村社区转化而来，城乡二元结构的转换是城市化的本质和难点所在，尤其在公共服务供给方面，要实现城市公共服务向动迁安置社区延伸，使得被动迁居民享有与城市居民平等的社会福利和基本公共服务项目，逐步实现城乡公共服务均等化、一体化的局面。

推动公共服务的均等供给，首先，要实现城乡公共基础设施一体化，改善居民生产生活的条件，推动"大市政"的广泛覆盖，如在动迁安置社区逐步完善公共交通、通信网络、水电气暖等基础服务的建设。其次，动迁安置社区建立以后，农民身份变为市民身份，要推动城乡社保制度的有效衔接和转换，实现医保、养老保险及教育的基本统筹，解除动迁安置社区居民的后顾之忧。最后，动迁安置社区的公共服务应该面向全体的社区居民，包括众多的外来务工人员，虽然解决进城务工人员及其家属的市民待遇还需要城市化和城乡一体化发展的一系列配套政策，但在这一问题尚未得到根本解决之前，把他们作为社区居民列入社区管理和公共服务的范围则是可行的、积极的，有利于他们的社区认同和融入，实现多元主体参与的共建共享。

（五）促进社区迁居居民市民化

在新的发展阶段，城镇化目标从注重量的增长转移到注重质的提高已势在必行。但这一目标仅依赖户籍及其相关制度改革难以完全实现。结合城镇化发展的阶段性特征和人的城镇化的本质内涵，市民化的目标包括新市民生活方式和观念的改变以及不同市民群体之间的社会融合。动迁安置社区作为居民生活和城市治理的新的基本单元，在国家治理体系和治理能力现代化中的重要性已经得到认可，应将其作为政策工具，认识其促进市民化目标实现的条件、作用机制和相应的实施路径，充分发挥社区治理在新型城镇化进程中的作用。立足于从社区回应社会发展需要的政策取向，根据我国城镇化发展的阶段性特征，拓展了国家新型城镇化战略中的市民化内涵，进而将社区作为政策工具，分析了促进市民化目标实现的必要性与可行性，希望将自上而下的顶层设计与自下而上的基层实践相结合，以共同促进我国新型城镇化目标的实现。

第四节　动迁安置社区空间生产协同治理的结构、路径与措施

一、治理结构

不同移民时期社区治理重点的不同，既体现了移民社区治理的复杂性，也意味着不同治理阶段对治理主体及其所提供的服务类型的要求是不同的。基于社会融入视角下集中安置模式的移民社区治理重点及关键治理主体如图 7-1 所示。

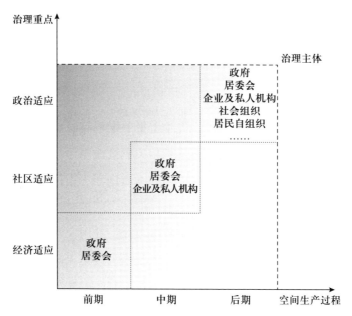

图 7-1　社会融入背景下动迁安置社区空间生产过程中
治理重点及治理主体

　　空间生产前期，政府和社会组织是解决动迁安置居民经济融入边缘化的核心力量。政府作为相关政策的制定者发挥着主导作用，社区居民委员会（以下简称"居委会"）作为基层治理的重要参与者，在社区治理过程中发挥着重要作用。然而有一个问题较为特殊，即尽管在法律层面居委会被界定为自治组织，但现实的情况是居委会大多处于行政化的状态，居委会作为组织载体的主动性被遮蔽了。在社区空间生产中期，政府以购买服务的形式，让企业、社会机构等为居民提供更多的服务。空间生产后期，社会组织与移民自组织是促进移民社区融入的主要力量，也是移民参与社区治理的载体，二者通过多样化、专业化的主题活动紧密联系群众，促进移民相互交流、彼此尊重。在此阶段，政府是促进移民政治融入的关键力量。政府为居民的政治参与提供制度化保障，居民自身政治参与意识和社区治理能力的提高是实现居民自治的基础。针对空间生产不同阶段的治理重点，探索动迁安置社区社会融入背景下多元主体协同治理的实现路径，可以加快传统社区治理模式转型，促进动迁安置社区的城镇化建设，统筹城乡发展，进而实现社会治理现代化。

二、治理路径

（1）统一行动目标，明确多元主体角色定位，健全合作机制，统一多元主体的治理理念和行动目标是形成多元主体协同治理的前提。在移民社区治理中，政府、企业、社会组织、社工、移民等利益主体都应以"安民、富民、改善民生"为准则，以实现生态移民社区和谐可持续发展为目标，形成多元治理主体互动合作、资源共享、相互监督的多元治理格局，提高移民社区认同，促进移民主动进行自我管理、自我教育和自我服务，构建移民自治体系。明确多元主体的角色定位有利于充分发挥各主体的优势作用，形成主体多元、权责明晰、协同高效的多元主体协同治理体系。政府的角色是社区政策和规则的设计师、服务资金和公共资源的提供者，职能是协调和监督其他主体；社会组织的角色是发现居民需求、提供专业服务和整合社区资源；移民既是服务的享受者也是社区的管理者，应积极参与社区公共建设。政府应发挥主体优势，积极拓宽多元主体的参与渠道和协商渠道，健全多元主体合作互信机制，最大限度地促进多元主体功能的发挥，实现移民社区公共利益的最大化。

（2）充分授权，大力培育社会组织，促进社会组织协同治理。社会组织以其专业化、多样化的服务满足不同移民群体日益多变的服务需求，有效促进社区移民交流互动，增强社区凝聚力，是移民参与社区治理的载体和推动社区自治的中坚力量。促进社会协同治理，一要充分授权，大力培育。积极引导社会组织进入社区服务体系，孵化培育更多致力于社区建设的专业化社会组织和移民自发性组织，减少政府干预，充分授权，肯定社会力量参与社区治理的合法地位，发挥其整合资源、提供公共服务、激发移民参与社区治理的作用。二要加大政策扶持和能力建设。将群众基础良好的移民自发性组织纳入购买服务的范畴，为其发展提供持续不断的政策资金支持，并通过能力建设培训、社区治理交流会和激励机制等手段提升社会组织管理社区的能力，将社会组织和移民自发性组织培养成社区治理的持久性参与主体。三要转变服务理念。社会组织要转变公益服务、慈善给予的理念，倡导居民共同参与社区治理，运用社会工作的方法改变移民旁观、安于享受的现状，积极引导移民参与义工志愿服务和社区事务管理，激发移民参与热情。

（3）赋权于民，拓宽参与渠道，提高移民参与社区治理的能力。政府要向服务型政府转型，改变传统的单一管制模式，赋权于民，充分调动移民自我管理、自我服务的积极性，建立移民自下而上的治理机制，提高移民参与社区治理的能力。基于社区认同、以社区活动为载体的社区参与往往是碎片化的、非组织化的，要充分激发移民社区参与活力并将其转化为自发性、组织化的实际行动。

一要充分挖掘公共议题，建立移民议事机制。以移民的实际需求为导向引进购买服务，将移民纳入民主决策体系，让移民真正参与到能够影响政府决策结果的公共议题讨论中，通过移民议事机制将移民决策参与制度化，形成长期性、组织化参与机制。

二要畅通移民利益表达渠道，健全沟通协商机制。运用新媒体手段，如QQ、微信、微博等互联网平台拉近政府与移民之间的距离，及时将政策、决议传递给移民，及时回应移民的意见和建议，开展阳光政务，解决信息不对称造成的沟通障碍，以提高移民对政府的信任和参与协商的积极性。

三要动员青年移民参与社区治理。由于青年群体的社区认同感更弱，应结合青年移民群体的特性和实际需要，举办就业创业沙龙活动、社区交友派对、社区户外拓展等活动增强他们的社区认同感，为就业困难青年居民提供社区管理的内部培养机制，完善社区领袖项目的激励机制以吸引青年群众参与社区治理，从而增加社区治理的可持续性。

三、动迁安置社区社会空间协同治理措施

（一）综合治理措施

结合空间生产理论，社区治理可以理解为以社区物质空间为基础，以政府、居民、社区组织、营利组织和非营利组织为主体，以满足社区需求、优化社区秩序为目的而进行的空间实践。社区治理也是社区空间生产的重要内容，在社区治理的过程中，各主体依托各自生产空间相互作用、协调合作，共同构成社区治理体系。社区空间作为城市空间的一部分，做好社区治理，使社区治理与城市治理深度融合有着重要意义。然而，社区空间是一个多主体空间交织构成的复杂空间系统，其治理空间同样纷繁复杂。因此，在社区治理中做到因"社"制宜、抓主要矛盾是应对复杂问题的主要思路。

动迁安置社区是多种社区类型中最复杂、最具中国特色且数量众多的一类社区。此类社区主要分布在城乡过渡地带和城乡两种管理体制的过渡地带，多种问题交织，历来是城市管理的难点区域，对其进行治理工作复杂且艰巨，国内的相关研究在一定程度上存在相对滞后性及"非对症性"。而空间生产理论为动迁安置社区的治理研究提供了很好的切入点，可通过分析动迁安置社区的空间生产过程的特征，提出具有针对性的治理对策。可以发现：动迁安置社区的空间生产最为剧烈的阶段是"冲突"阶段，这一阶段也是社区治理最难有效进行的阶段。做好这一阶段的社区治理工作，不仅可以让社区的空间生产更快地实现下一个较为平稳的阶段，而且能够将本阶段社区优秀治理效果的惯性延续到下一个阶段中，促进下一阶段的社区治理高效进行。据此，把握三类社区空间生产过程中的"冲突"阶段，思考此类型社区的综合治理措施，根据其共性针对性地提出以下综合对策：

（1）政府适度权力下放。由于动迁安置社区的特殊性，政府习惯了在社区事务管理中的主体角色，大权独揽，使得居委会等具有管理性质的基

层政府组织很难发挥出较大的作用，因而在整个社区空间生产的过程中，居委会空间生产并无很强的活力，管理能力萎缩。因此，政府应适当进行权力的下放，使基层治理发挥主观能动性，推动社区内部独立自主的良性发展。

（2）加强社区空间生产微观层面和宏观层面的联系。空间生产的过程中的"冲突"总是由宏观层面引起，从宏观层面传递到微观层面时往往引起对抗。这种对抗源于实践活动可能具有的滞后性和不对称性，集中体现在政府和居民消息上的不对称性。居民由于本身的性质，大多受教育程度不高，在相关政策的理解和了解方面均有难度。因此，打通消息传递的通道，相关政策由政府对居委会进行培训，再由居委会对居民进行组织教育和宣传工作，可以削减宏观和微观两系统之间的壁垒，加强两个子系统之间的联系，提升社区空间生产的综合效率。

（3）适当引入市场机制。在动迁安置社区的治理分析框架中，市场这一治理主体往往被忽视。资本在动迁安置社区中的空间实践大多受政府牵头和影响，其主动的空间实践较少，相应的资本空间表现出相对其他空间的滞后性。因此，加强资本在社区空间生产中的竞争能力，使资本空间在社区空间中扩张，带动社区居民生活水平和社区居民空间生产能力的提高，进而促使社区的空间生产水平提升到更高的阶段。

（4）考虑将大数据时代的创新手段引入社区治理中。社区治理的创新手段是大数据时代下城市社区治理的必然选择。例如，在当前社区的治理工作中，由于各种治理主体与被治理对象传递出的消息较为繁杂，不便于管理。可借助大数据手段，建立统一的社区治理平台，在平台上实现"一次采集，多方共享"的良好局面。然而大数据的具体应用还面临着许多技术上的难点，需要逐一攻克，但其在社区治理中的应用将成为必然。

动迁安置三种类型的社区在空间生产过程中虽有整体一致性，但又各自具有自身独特的特点。考量三类社区各自的空间生产规律，因"社"制宜地提出具体治理意见。

（二）生态移民安置社区治理措施

在生态移民安置社区中，由于贫困等移民群体自身所具有的属性，在社区治理中常常表现出以下特征：以政府为主导的治理模式、市场治理力度差、居委会管理比物业管理更有优势、综合治理手段较为陈旧、社区治理与居民状态协调度差。移民安置区能否为生态移民提供安稳的生活和发展环境，是生态移民选择重迁或返迁行为的关键。因此，移民安置区需从多方面为移民重构生活空间，如完善生态移民区的生活基础设施，加强移民技能培训、加强村风建设、提高移民整体素质，组织集体活动、加快移民社区适应，完善移民区社会保障机制、提供安稳发展环境，提供移民贷款、鼓励移民自主创业，改善安置区环境，提高安置区舒适度等。对此提出生态移民安置社区的治理意见：

（1）政府退出主导地位，将权力下放基层，并积极引进市场机制，实现"政府—基层—市场"共同治理的模式。这样，在实现政府管理的适当弱化的同时，不仅引入了市场治理模式，而且加强了社区宏观治理和微观治理的联动。

（2）以居委会管理带动物业管理，必要时可对物业管理进行约束。物业管理在空间生产过程中明显显露出弱势。一方面，归咎于居民经历过身份的转换，仍依赖于原来的村委会管理模式，难以迅速将居民空间与物业管理空间协调起来；另一方面，要考虑物业公司是否真正最大限度地履行责任以服务社区空间生产。因此，可以考虑发挥居民的主观能动性，让居民自己选择物业服务公司，从选择开始，了解新的空间生产主体，消除主观上的排斥，使社区内部生产空间尽快融合，提高社区空间生产水平。同时，以居委会带动物业的方式可以增强居民的适应性，实现新管理主体加入的缓冲。

（3）市场治理机制创新。除政府引进和鼓励市场机制在生态移民社区的植入外，市场应发挥主观能动性。面对特殊性质的居民，发挥资本空间生产有较大的难度，资本的营利性质往往受到居民的排斥。因此，资本空间可尝试改换新的形式，不局限于拆迁和建设项目，还可引进新的生产、服务等适合该类居民的项目。如网络销售、电商等的社区引入；小型投资项目；生产车间与社区的合作等。不仅可以解决部分居民在城市生活中的再就业问题，还可以此带动社区空间生产水平。

（4）政府要加强对移民安置后的保障工作。政府放权不代表政府自此不作为，在移民的后续保障方面，政府发挥的作用不可替代。但政府可鼓励和引导基层群众组织共同参与社区的治理工作，以基层为跳板，使治理更加高效。

（三）被征地农民安置社区治理措施

被征地农民与生态移民在一定意义上有着相同的特性，但被征地农民的状况相对生态移民要好。因此其社区空间生产中的"冲突"表现较弱。如此一来，在社区的治理上，不必像考虑生态移民安置社区那样过多地考虑治理的过渡性和被征地农民的空间适应性。在治理方面，可根据被征地农民安置社区的基本情况适度地考虑生态移民安置社区的治理模式。此外，被征地农民的再就业问题是社区治理必须纳入考虑范围的问题。针对此问题，一方面，沿用生态移民安置社区中引入"新形式"资本的方式，以项目带动就业；另一方面，政府可培养基层群众自治组织，在社区居民中选配优秀的基层骨干力量并纳入事业编制。既可缓解被征地农民再就业的难题，也加强了社区宏观治理与微观治理的联系，还可发挥居民自治组织的主体作用，一举三得。

与此同时，为推动城郊被征地农民的社会融合，可以通过推行混合居住模式、减少居住空间分异，在情景体验中促进社会融合。混合居住模式提供了控制居住空间分异的一种新尝试，可以纳入城市规划中统筹考虑，减少人为的居住区位分割，能比较有效地化解同质性社区引发的区隔与矛盾。此外，提升城郊被征地农民人力资本，增强就业能力。较高的人力资本是城郊被征地农民实现经济融入，进而实现社会融合的关键。同时，增加公共投入，为推动城郊被征地农民社会融合奠定坚实的基础。和市区、市民相比，城郊被征地农民的社会保障及其所集中居住的区域的公共服务，差距显而易见，为此，需要政府在财政支出中增加基本公共投入，尤其是提高城郊被征地农民的基本社会保障，缩小差距。此外，需要考虑不同区域经济发展水平和城镇化水平，被征地农民社会融合与较完善的社会基本保障水平等因素密切相关，对于中国不同区域而言，有待后续研究进一步讨论。

（四）旧城改造安置社区治理措施

旧城改造安置社区的居民不同于另外两类社区，他们原本生活在城市中，对城市的生活较为熟悉。只是，该类社区的空间生产水平和城市中心社区的空间生产水平有较大的差距，且在旧城拆迁改造的过程中可能会产生一系列的纠纷。因此，在旧城改造安置社区的治理中，一方面，应考虑治理与发展并存、治理为发展服务的原则，以缩减旧城改造区与城市中心的社区空间生产水平的差距；另一方面，重点处理旧城改造中的纠纷问题，减少居民与治理主体之间的矛盾。

（1）完善旧城改造协同治理机制的制度安排。政府在社区治理，除基本的管理环节外，更加注重优质空间和多元空间的建设，提升社区空间的利用价值。制度是社区治理的基础。现行旧城改造工作所依据的各类法律规范虽然数量繁多，但却分散在政府发改、土地、房屋、建交委等不同职能部门的政策中，制度安排碎片化，交叉、重叠、冲突时有发生，说明旧城改造自上而下尚未形成系统的、目标清晰的政策框架，在决策、管理和实施中，缺乏完备、协调、开放的制度体系。旧城改造协同治理机制的建设，理念上要充分认识到制度的基础和保障作用，实践中从战略高度统筹规划制度安排，根据旧城改造工作流程、治理主体的角色及互动形成合理的政策网络。具体的制度重塑中，必须明确赋予政府、社会企业和旧区居民参与治理的权力，合理规划参与的程序、参与的内容，重点保障参与治理主体的利益分配机制，使旧城改造协同治理机制在制度的保障下能够有序实施。

（2）加强旧城改造的政府间协同关系。政府间协同是发挥政府治理领导力的前提，是通过政府及其职能部门间的互动合作，克服单个政府不能解决或无力解决的问题。旧城改造项目的实施周期通常需要 3~5 年，实施过程中涉及众多的政府职能部门。根据初步统计，仅旧城改造土地储备项目前期工作，就涉及政府职能部门十余个，各部门之间信息不对称、沟通不畅、衔接不力、相互扯皮等都影响到项目的运作周期、成本的控制甚至项目的成败。而现行的旧改项目管理体制，通过搭建联席会议制度平台，实现了旧城改造相关部门对旧改公共事务进行交流、协商，但对基层业务管理中的跨部门协同和因部门摩擦带来的效率损失重视不足。对此，应重点加强旧城改造业务流程的优化设计、建立政府协同机构间的信息共享机制、制定并实施跨部门协同的绩效考核评估办法，通过全面提升政府科学管理能力来加强旧城改造中政府主体的整体治理水平。

（3）建立社会企业参与旧城改造的渠道。居委会、村民自治组织等基层组织应注重社区文化建设，提升社区居民的文化素养和社区文化氛围，从根本上实现社区的"软治理"。旧城改造协同治理机制的构建中，引入社会企业主体，发挥其资本和管理优势，是协同治理模式区别于现行土地储备模式的最大特点。在长期的旧城改造实践中，融资渠道单一、风险集聚一直是困扰政府的难题。社会企业虽具备广泛的融资渠道但始终未能进入旧城改造领域的深层次原因在于利益分配机制缺失。现阶段，国家大力提倡引入社会资金参与基础设施和公共服务设施建设，为旧城改造引入社会资本创造了契机。旧城改造社会企业治理主体的引入，必须对旧城改造政府和社会企业合作的项目范围、合作企业的准入与退出机制、组织结构、运作流程、风险分担、收益分配、监管等要点内容做出明确规定。社会企业的选择，应该在公开、公平、公正的原则下，结合旧城改造项目的具体目标和实施方式，以契约形式确立合作关系。

（4）提高旧区居民的实质性参与水平，引入创新管理手段。旧城改造安置社区的居民适应性较强，接受度较高，因此可考虑新手段、新技术在社区的试行，为社区空间生产水平早日迈入下一阶段奠定良好的基础。旧区居民参与协同治理，可以增强政府提供旧城改造公共服务的合法性和有效性。从旧城改造实践来看，政府与旧区居民的互动，主要体现在旧城改造意愿、房屋征收安置补偿方案、房源安置选择等方面，而在旧城改造前期规划、项目审批、合作企业选择、实施监督等重要环节，尚未完全为居民建立参与的通道，旧区居民在旧城改造决策和实施过程中仍然处于弱势的一方。旧区居民治理主体的参与水平低，主要原因在于政府对旧区居民参与改造重视程度低、保障不力，旧区居民参与渠道过窄、参与能力不足。因此未来应进一步加强政府与旧区居民的互动与协商，提高旧区居民的实质性参与水平。在制度建设上，加强旧区居民参与的法律保障，明确旧区居民参与的方式、内容、效力等；在参与方式上，在传统的以公示、建言和听证为主的单向听取意见基础上，拓展到双向的协商对话模式；在参与内容方面，推动旧区居民全方位、全过程的参与，除加强改造前期对旧区居民需求的调研外，也要体现居民在决策和监督阶段的作用，使决策更加符合旧区居民的切身利益。此外，针对中国旧城改造中旧区居民参与的能力较为薄弱的现实，政府要加强面向旧区居民的知识教育与培训，积极宣传旧改工作的内容与意义，进一步扩大旧改信息公开范围，切实提高旧区居民的实质性参与水平。

本 章 小 结

本章在空间生产理论以及空间三元辩证法的指导下，梳理动迁安置社区的空间生产过程机理，并提出此类社区综合治理的针对性措施。动迁安置社区的空间生产过程是一个由平衡到冲突，经长期的融合重新达到平衡的过程。整个过程不仅处处体现着空间生产的特点，而且蕴含着马克思主义的基本原理。站在哲学的角度看，动迁安置社区中的各子空间及其主体相互联系、相互作用、相互制约、相互影响，共同构成社区空间生产结构性、整体性、层次性、开放性的空间大系统，且空间生产的过程是新空间的产生和旧空间的灭亡，体现了发展的实质。其表象是空间生产的发展和空间结构、社会关系的变迁，实质上是政治空间出于政府目的的宏观调控所引起的空间重构。空间生产中的矛盾双方：空间的表征和表征的空间，以及规训空间和反规训空间都是对立统一的，其化解矛盾的方式是空间的实践。从一个阶段到另一个阶段都是空间生产从量变到质变的积累，社区空间生产阶段实现的平衡状态也绝不可能是社区空间生产的终点，社会空间生产会随着社区空间的存在永续进行，不断创造更高水平的生产空间，是一个螺旋式上升的过程。而在此类社区的治理中，在尊重客观规律的同时发挥各主体的主观能动性，牢牢把握重点论，对社区中的主要矛盾进行相应的治理。

第八章　易地搬迁移民生产生活方式
转型与社会融入研究

　　易地搬迁是深入实施西部大开发战略的重要实践，是落实生态环境保护与建设的重要措施，是惠及特殊困难群体民生、实现贫困群众脱贫致富的重要途径。宁夏是全国生态移民实施较早、规模较大的省区。自 20 世纪 80 年代以来，国家和自治区政府通过多种方式大力帮扶贫困地区群众改善生产生活条件，先后组织了吊庄移民、扶贫扬黄灌溉工程移民及易地搬迁移民，累计搬迁移民近 84 万人，移民群众生产生活条件得到改善，收入稳定增长，取得了显著成效。

　　易地搬迁有力保护和改善了迁出地的生态环境，生态移民区在做好移民搬迁工作的同时，要结合退耕还林、三北防护林工程、天然林保护工程等重点项目，抓好"西海固"地区的生态建设。移民搬迁后，有效缓解了人口与资源的矛盾，有利于保护自然植被和陡坡地退耕还林，促进生态系统的良性循环。一方面，移民迁出后，原有的土地收归国家或集体所有，迁出区土地用于恢复生态，进行退耕还林和围栏封育，既可巩固退耕还林成果，又可达到恢复生态的目的，实现脱贫致富与生态建设的"双赢"；另一方面，迁出区人为破坏生态环境的行为将减少，大大减轻生态环境压力，使原有的林地、草地得到很好的保护，提高水源涵养能力，遏制水土流失，保护生态物种的多样性。

　　2021 年，一部《山海情》电视剧，讲述了 20 世纪 90 年代以来，宁夏为了让西海固贫困地区的老百姓过上好日子，在国家"吊庄移民"政策的号召和福建的对口帮扶下，搬迁区群众不断克服困难，通过劳动创造价值，将飞沙走石的"干沙滩"建设成寸土寸金的"金沙滩"的故事。这部电视剧，让更多的人认识了易地搬迁，也让更多的人了解到了易地搬迁是脱贫攻坚工作中的一项重要举措。易地搬迁这项举措是将生活在缺乏生存条件地区的贫困人口搬迁安置到其他地区，并通过改善安置区的生产生活条件、调整经济结构和拓展增收渠道，帮助搬迁人口逐步脱贫致富，目的是通过"挪穷窝""换穷业"，实现"拔穷根"，从根本上解决搬迁群众的脱贫发展问题。国家投入了大量的人力、财力、物力，对许多贫困户进行了易地扶贫搬迁。从帮扶效果上看，这些搬迁户的生活在住房、交通、饮水、就业、医疗、子女教育等各方面得到了较大改善。截至目前，虽然移民区群众的物质条件得到较大改善，但其心理适应性和生活融入性相比于原著群众还是有一些差距。2020年10月21日，全国易地扶贫搬迁后续扶持工作现场会在银川召开。中共中央政治局委员、国务院扶贫开发领导小组组长出席会议并讲话。他强调，要深入贯彻习近平总书记重要指示精神，按照党中央、国务院决策部署，扎实做好易地扶贫搬迁后续扶持各项工作，确保搬迁群众稳得住、有就业、逐步能致富。同时指出，作为脱贫攻坚战的标志性工程，易地扶贫搬迁建设任务的全面完成是具有里程碑意义的巨大成就。完成搬迁建设任务只是第一步，后续扶持是更重要、更艰巨的长期任务，要切实把工作重心全部转到后续扶持上来，坚决夺取易地扶贫搬迁的最终胜利。

那么，如何使搬迁群众能够更好更快地融入当地的生活，成为了这项后续扶持工作的重中之重。本章以宁夏易地扶贫移民适应性分析及社会融入路径为研究对象，运用文献研究法对精准扶贫和易地搬迁的概念进行界定，并且对宁夏易地搬迁政策描述分析。以五位一体总布局、社会主义新农村建设总要求、乡村振兴发展规划为指导思想，以科学性和可操作性、综合性、目标导向性和可比性为原则，从经济、政治、文化、社会和生态五个方面对宁夏易地扶贫搬迁指标细化并分析移民适应性与社会融入情况。同时，通过访谈的形式对搬迁区移民的性别、收入、迁入时间、文化程度等因素和适应性总体情况进行调查及分析，有助于了解目前搬迁移民的适应性和融入性的现状及其影响因素，找出搬迁移民在安置区生活过程中存在的问题，并针对存在的问题提出有意义的对策建议，目的是为公共管理部门研究制定搬迁群众尽快融入迁入地社会的相关政策提供决策参考。

第一节　研究框架与数据来源

一、研究框架构建

本章以宁夏易地扶贫搬迁居民为研究对象，从生计方式、生活方式、社会关系、社会融入等四个维度评估易地扶贫搬迁移民社会融入水平，问卷共包括 19 个问项。从四个方面构建分析框架（见图 8-1）。本次采用随机抽样法，选取宁夏银川周边易地扶贫搬迁安置社区居民作为调查对象，通过参与式问卷调查法和深度访谈法完成问卷，获取一手资料。通过走访镇政府、村委会和居委会等相关部门、实地观察等方式完成研究数据和资料补充。在室内开展资料整理与分析，系统分析易地扶贫搬迁移民社会融入现状，识别关键约束因素，并针对性地提出有效促进易地扶贫搬迁移民融入迁入地社会生产和生活的路径，以期促进易地扶贫搬迁移民社会融入进程，助力区域高质量发展。

二、数据获取

（一）数据来源

通过走访银川西夏区兴泾镇镇政府，获取易地扶贫搬迁的总体概况，掌握了易地扶贫搬迁重点安置区的分布情况。本次以重点安置区为研究区

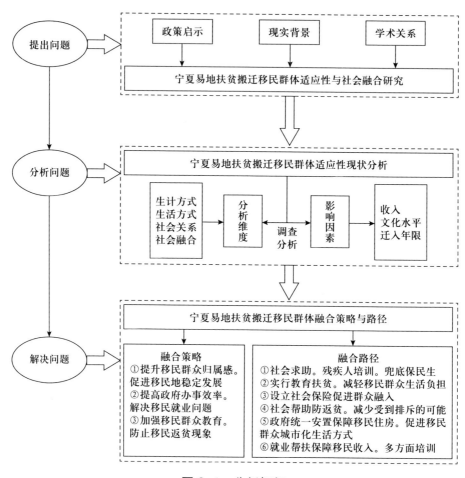

图 8-1　分析框架

域，采取入户采访形式，以家庭（户）为调查对象收集问卷调查数据。调查内容涉及两个方面，包括易地扶贫搬迁户的基本资料、搬迁移民的生产生活转型及其社会融入，重点关注移民生产方式的转型及适应、消费方式的转型及适应、闲暇活动的变化及适应和社会关系变化及适应。本次调查采取的是问卷调查法为主，访谈法为辅的方式。问卷采用李克特 5 级量表法设计，重点关注移民生产、消费支出的主观感受、态度等数据。访谈以顺新村村干部及移民为重点对象。本次调查小组共发出调查问卷 210 份，兴泾镇和欣荣村各发放 105 份，收回 200 份，问卷有效回收率为 95%。

（二）研究区易地扶贫搬迁现状

2020 年 10 月，宁夏银川召开了易地扶贫搬迁后续工作会议，区政府贯彻落实会议精神，为推进移民群众安置后续帮扶工作，采取就业技能培训、住房保障、基础设施改善等帮扶措施，以贺兰县洪广镇欣荣村最为典型。欣荣村是宁夏"十二五"移民搬迁安置村，由来自宁夏西海固地区 15 个乡镇，51 个行政村汇聚而成，共迁入 1817 户 8874 人，共有建档立卡贫困户 826 户 4115 人。2019 年实现整村高质量脱贫摘帽，贫困人清零，人均可支配收入由搬迁前的 1800 元增加到 13000 元。欣荣村在就业、收入、社会保障等方面开展一系列的帮扶措施，2020 年村集体经济收入达到 110 万元。在促进经济发展的同时，欣荣村注重提高移民的生活质量和水平，以及移民的精神文化需求，促进搬迁移民融入迁入区的生产生活。当地村委设立义务巷长，探索建立三级管理全民参与的义务巷长制工作机制，以移民群众在山区故乡村、组的名称为巷道命名推选出 47 名义务巷长，实行日巡、周查、月评、季通报、年考核工作制度，同时推选 91 名妇女组成妇女劝导队，带头倡导文明新风，宣传良好生活习惯，践行文明行为规范，极大地提升了易地扶贫搬迁移民的积极性和归属感。

第二节　易地扶贫搬迁移民生产生活转型研究

一、移民消费生活方式变化状况

（一）消费结构由生存资料消费为主向发展资料和享受资料消费转变

消费的内容及结构方面，呈现了满足于基本的生活、生产资料的消费结构向发展资料、享受资料多元化的转变。从图 8-2 可知，移民前，移民消费的三个主要花费在食品（30.9%）、衣服（15.1%）和人情礼金（14.3%），更多的是为了满足于基本的生活、生产资料的消费结构。而移民后，移民消费的三个主要花费在食品（24.3%）、衣服（23.1%）和 教育

（12.3%）三个方面，从消费的内容来看，移民后的消费更具有发展消费、享受消费的内容，移民后移民对于生存资料的消费支出比重逐步下降，而发展资料和享受资料的消费支出比重却逐步上升；在各种消费物品的支出中，食品比重逐步下降，衣着用品的比重逐步上升；物质生活资料和精神生活资料构成生活方式的两个重要方面，而移民在移民后用于精神消费比重上升，用于物质消费比重下降。

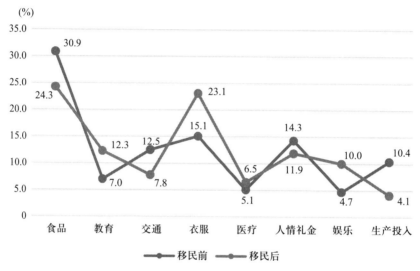

图8-2　移民前、移民后消费内容变化

（二）消费观念上，追求较好的生活质量

从表8-1看，被调查者的食品支出比重中，主食品的支出比重下降，副食品的支出比重上升。移民前主要以主食品支出为主，比例为87.7%，而移民后支出购买主食品的比重下降，为36.2%，相应副食品的比重上升，比例为63.8%。主食的结构没有太大变化，主要以面粉为主；副食则出现了较大的分化，移民前在购买的副食中主要以肉类为主（67.5%），其余的蛋类、水果和蔬菜以及零食购买的较少，现在主要以蔬菜和水果为主，比例为42.3%，肉类（33.7%）相对购买的其余的蛋类和零食类都有所增加，但增加幅度不高。从购买的食物情况来看，被调查的食物消费上，更注重

食物的多样化、营养健康和生活的质量提升。

表 8-1　移民前、移民后的食物消费情况

食物		移民前（%）	移民后（%）
主食		87.7	36.2
副食	副食	12.3	63.8
	肉类	67.5	33.7
	蛋类	4.9	11.7
	蔬菜和水果	24.5	42.3
	零食	3.1	12.3

（三）消费心理由节俭型向时宜型消费转变

一般地，消费心理可分为三种：一是节俭型消费心理，它是艰苦朴素的生活作风在心理活动上的直接反映；二是时宜型消费心理，是以当时的需要和时尚为大准绳的消费心理，它的"时代感"强，变化速度快；三是制约型消费心理，指自己的消费欲望，由于受到外界客观环境的限制而受到抑制的一种被动消费心理。移民在购买消费品时，更加注重消费品的外在社会属性，而不是物品的本质属性。

从表 8-2 看，移民前购买食物时，43.6% 的移民注重的是能填饱肚子，同比在移民后的比例为 35.6%；移民后注重的是食品的营养价值（19.0%）、食品的档次（8.6%）。在穿用的消费支出中，购买中档、高档消费品和耐用消费品的支出比重上升，低档品比重下降。移民前购买衣物时，42.3% 的移民注重的是能保暖和 23.9% 的移民注重的是价格，而移民后 36.8% 的移民注重的是衣物外观所带来的外在形象，衣物的档次（30.6%）。在外出行为方面，移民前选择节约钱，步行的移民为 43.6%，同比移民后为 20.2%，选择机动化出行的移民比例由移民前的 56.4% 升到移民后的 79.8%，说明机动化出行增多。尽管出行支出上移民后比移民前相对减少一些，但主要是由于现在交通设施较好，同时路程相对短，现在去城市所需要的花费比以往要少得多。

表8-2 移民前、移民后的消费心理比较

	更看重	移民前（%）	移民后（%）
食品	填饱肚子	43.6	35.6
	食品的营养价值	9.2	19.0
	食品的档次	3.7	8.6
	食品的口感	12.9	8.4
	食品的价格	30.7	29.4
衣物	保暖	42.3	20.9
	衣物的外观	19.6	36.8
	衣物的档次	14.1	30.6
	衣物的价钱	23.9	11.7
出行	节省钱，选择步行	43.6	20.2
	节约时间、省力，选择坐车	56.4	79.8

二、移民闲暇生活方式变化状况

闲暇生活方式是指在一定社会历史条件下，人们在由其自由支配时间内的活动方式。闲暇生活方式包括两个方面的内容：一是消遣性的娱乐活动，二是提高性的学习创造活动，如表8-3所示。

表8-3 移民前、移民后闲暇活动的状况

闲暇活动	移民前（%）	移民后（%）
打牌	18.1	28.2
下棋	11.7	4.0
看电视	27.6	35.6
看书看报	5.5	0.3
串门聊天	31.6	17.3
上网聊天	0.5	9.8
旅游	0.028	2.8
其他	3.1	2

（一）闲暇活动内容逐渐变得丰富

闲暇生活方式是人们通过消遣性活动所凝结出来的一种模式，通过进行闲暇活动，能够恢复人们在劳动中的体力和脑力消耗。闲暇生活内涵，具体表现为闲暇活动的多少及其丰富性，闲暇时间的长短，闲暇活动的组织形式。通过表 8-3 发现，在移民前，被调查者闲暇活动主要集中于串门聊天（31.6%）和看电视（27.6%），在移民后，串门聊天的闲暇活动比例下降到 17.3%，而选择看电视的比例上升为 35.6%，打牌和上网的比例有所提高，2.8% 的移民有过旅游活动，和以往相比 75.5%（见表 8-4）的移民认为自己的闲暇活动变多了，仅有 14.7% 的移民认为没有变化，说明闲暇活动从相对单一到多方面的转变。

表 8-4　移民后易地扶贫搬迁移民对于闲暇活动的看法

	频数	比例（%）
变多了	150	75.5
变化不明显	30	14.7
变少了	20	9.8

（二）移民能够利用的闲暇时间变得较多

在移民后，闲暇时间变得比较多。所谓闲暇时间，就是个人完成了劳动和工作任务，满足个人的吃饭、睡觉等生理需要之后剩余下来供其自由支配的那部分时间。一般来说，闲暇时间是人们从事闲暇活动的重要保障，对人们生产和生活有重要调节作用。经调查，72.4% 的移民认为自己的闲暇时间增多了，17.8% 的认为没有变化，9.8% 的移民认为变少了。闲暇时间和劳作时间是此消彼长的关系，以往的劳作时间相对较短，按道理闲暇时间应该较多，但实际上是以往农村基础设施条件较差，主要利用白天的时间劳作，闲暇的时间一般多在晚上，而晚上外面没有灯，道路路况也不好，限制了人们进行闲暇活动，才会有这种情况的出现。

表 8-5　移民后易地扶贫搬迁移民对于闲暇时间的看法

	频数	比例（%）
变多了	145	72.4
变少了	20	9.8
没有变化	35	17.8

三、移民社会交往方式的变化状况

交往生活方式是指一定社会条件下的生活主体之间相互联系、相互作用的行为方式，它通过人们的社会交往活动表现出来，论及人们的社会交往活动，至少会涉及三个方面，即交往的对象、交往的频率和交往的目的。

一个社会的交往活动方式，从根本上说，是社会生产力发展水平决定的。理论上讲，随着科学技术的发展，高度发达的通信和交通设施，为人们的社会交往提供了极大的便利，人们逐渐走出传统的较为封闭的社会交往活动，形成较为开放的社会交往活动。开放式交往活动已成为现代生活的重要标志，现代社会生活的特性，考虑的不是感情，而是理性支配着人们的生产和生活活动。伴随着移民过程的推进，易地扶贫搬迁移民基于血缘和地缘的社会交往关系逐渐变化。

（一）血缘、地缘和业缘：交往对象的变迁

人们的交往对象是人们交往关系的重要方面。一般来说，人际关系联系的纽带是依靠血缘、地缘和业缘。从表 8-6 可知，移民前 71.8% 的交往对象大多数是亲戚和同村的邻居，主要是依靠地缘和血缘而形成的社会关系，移民后依靠血缘建立起来的社会关系得到强化，亲戚之间的联系进一步强化，并未出现如一些学者所说亲友之间联系减弱的情况，反而是依靠地缘为纽带建立的社会关系逐渐减弱。移民后，交往的对象范围扩大，新的社会关系得到发展，移民业缘社会关系得到发展。

表 8-6　移民前、移民后社会交往对象情况

	移民前（%）	移民后（%）
亲戚	39.9	53.4
村外的朋友	20.2	12.3
同村的邻居	31.9	14.7
生意上伙伴、同事	8.0	19.6

（二）与以前的社会交往对象的交往频率减少

与交往对象的交往频率是考察人们社会交往关系的重要方面，一般地说，与交往对象发生交往活动的次数和频率越高，人们的社会关系就会变得较好，反之则减弱。从表 8-7 可知，移民后易地扶贫搬迁移民的社会交往活动频率发生了变化，一方面，大部分移民对原有的社会交往圈子里的交往频率变得相对较少，特别是以前的朋友和邻居，认为自己和他们的交往很多的移民比例分别为 30.6% 和 52.8%；另一方面，易地扶贫搬迁移民和新社会关系交往变得较多。

表 8-7　移民后移民对于以前的社会交往关系的交往频率

	搬出地的亲戚（%）	搬出地的朋友（%）	搬出地的邻居（%）	安置点的邻居（%）	安置点的工作伙伴、同事（%）	迁入地的亲戚（%）
交往不多	75.5	57.1	38.0	50.9	12.3	7.0
没有变化	15.3	12.3	9.2	12.3	31.3	32.7
交往很多	9.7	30.6	52.8	36.8	56.7	60.3

（三）"情感关系"到"工具或混合关系"的发展

根据互动参与之间人际关系的性质分，有情感关系、工具关系和混合关系三种情形。从表 8-8 可知，移民前，31.3% 的移民认为自己在交往的时候并未有太多要求和目的，而 30.1% 的移民注重他人的品德，至于对于自己的利益有没有收益或损害的考虑比例并不高；但在移民后，26.4% 的移民考虑的是自己利益不受损害，其次是他人的品德（24.5%），考虑能给

自己带来利益的人数由移民前的 11.7% 上升为 20.2%，说明人们在交往时理性支配着人们的交往行为，"工具或混合"两种性质的社会交往关系较强。

表 8-8　移民后易地扶贫搬迁移民与他人交往的目的

	移民前（%）	移民后（%）
没有太多要求和目的性	31.3	16.6
他人的个人品德	30.1	24.5
共同的兴趣爱好	20.2	12.3
能给自己带来利益	11.7	20.2
注重自己的利益不受损害	6.7	26.4

四、移民工作生活方式变化状况

工作生活方式是人们在日常生活中通过劳作活动所凝结出来的一种模式，工作生活方式在现代社会中主要体现为职业活动，职业活动在现代人的生活中处于核心位置，对生活方式的其他方面具有制约作用。具体表现为人们工作的内容、工作的时间和工作的环境等方面。经调查发现，和顺新村移民在以下几个方面都存在一定的变化，具体表现为：

（一）易地扶贫搬迁移民工作职业上出现了多元化转变

在工作的内容上，呈现了传统的以种植业为主体劳作内容向劳作内容多元化的转变。通过表 8-9 调查结果显示，移民前，依靠种植、兼业（种植与打工）和喂养牲畜为主要收入的移民比例分别占 34.6%、20.9% 和 7.8%，共计 63.3%，除去外出打工的 30.6%，依靠其他方式收入的仅占 6.1%。而移民后，依靠种植、兼业（种植与打工）和喂养牲畜为主要收入的移民比例分别占 41.2%、15.5% 和 0%，外出打工的为 25.8%，其他如个体商户（做买卖）、搞运输的为 6.1%、9.6%，共计 15.7%。说明移民后，移民原有的职业结构出现了分化，但流动性不是很大。从流动的方向看，原有的以依靠种植和外出打工为主要收入来源的移民主要流向种植（41.2%）、外出打工（25.8%）和兼业（15.5%），说明以种植为主要收入来源的移民在移民后并未实现收入手段质的改变，而仍有 25.8% 的人依靠打工挣钱，9.6% 流向运输、6.1% 转变为做生意，一定程度上有了职业的质的转变。

表 8-9　移民前、移民后的收入来源比较

主要收入来源	移民前（%）	移民后（%）
种植	34.6	41.2
外出打工	30.6	25.8
兼业（种植和打工）	20.9	15.5
政府补贴	1.2	1.8
喂养牲畜	7.8	0
个体商户（做买卖）	4.9	15.7

（二）易地扶贫搬迁移民在工作时间变得相对长、固定化且节奏加快

工作时间与以往相比，变得相对较长。表 8-10 中数据表明，被调查的移民认为自己现在的工作时间和以往相比，有 63.3% 的人认为变长了，认为没有变化的人仅有 14.1%。说明在移民后，绝大部分移民感到工作时间变长了。除了劳作时间较长，部分移民认为劳作时间也比较固定化，劳动节奏加快，具有较强的约束性。传统的农村劳作生活中，人们的生产具有一定的季节性，春天、夏天很忙，种洋芋、种玉米和豆子、种谷子，播完种偶尔除草和施肥，到了该收什么的季节就去收什么，今天不想干还可以明天去，部分移民认为以前生活是比较自由的，而现在干什么工作基本都得天天干，并且受各种因素的制约，移民感觉不怎么自由。

表 8-10　移民后易地扶贫搬迁移民对于工作时间的看法

	频数	比例（%）
变长了	127	63.3
没有变化	28	14.1
说不清楚	45	22.5

（三）易地扶贫搬迁移民的工作的环境变得较好

在工作的环境方面，大部分移民工作环境比以往要好。工作环境指劳动者所在的劳动场所的外部环境条件，主要指对劳动者身心健康产生影响的各种因素。由表 8-11 可知，56.3% 的移民认为现在的工作环境（地点）和以往相比，变得更好了，认为变得更糟糕的占 12.7%。从以往各自到地里干活到集体集中干活，移民认为在工作时相对要有趣得多。

表 8-11　移民后易地扶贫搬迁移民对于工作环境（地点）的看法

	频数	比例（%）
变得更好了	113	56.3
没有变化	62	31
变得更糟糕了	25	12.7

五、不同的生活生产方式转型状况比较

移民对所调查的四个方面的转型状况存在较大差别。工作方式的转型状况最差，其次是消费生活方式的转型状况（见表 8-12）。总体上它们的均值都介于"转型中"和"基本转型"之间，但易地扶贫搬迁移民对于工作方式转型均值为 2.83，很接近基本转型这一水平，说明易地扶贫搬迁移民对于工作方式转型程度处于中等水平。并且从各项目的差异在总体中的离散情况看，离散系数最小的也是"工作方式的转型状况"为 27.1，表明

易地扶贫搬迁移民对于工作方式的转型状况总体内部的差异最小，这说明工作方式的转型较差，在总体中最具有一般性和普遍性。

表 8-12　易地扶贫搬迁移民对于不同的生活生产方式的转型状况差异比较

项目	均值	标准差	离散系数
工作方式的转型状况	2.83	0.77	27.1
消费生活方式的转型状况	2.63	1.17	44.5
交往方式的转型状况	2.26	1.09	48.5
闲暇生活方式的转型状况	2.00	1.00	50.0

注：本表将转型程度划分为 5 个等级，分别用 1、2、3、4、5 赋值，均值越大，表示对某一项转型度越低。表中的离散系数 =（标准差／平均值）×100%，它表示在对某一项目的转型程度总体内部的分散程度。

第三节　易地扶贫搬迁移民社会适应与融入评估

一、易地扶贫搬迁移民适应性现状分析

研究发现，96.5% 的搬迁移民基本能够适应当地生活，融入当地社会，生活质量和生活水平较搬迁前改善较大，但 3.5% 的搬迁移民在社会适应方面仍存在较多问题。本部分研究从生产方式、生活方式、社会关系深入分析搬迁移民社会适应情况，并评估其社会融入。

（一）易地搬迁移民总体适应性

通过赋值分析半数以上的人在问卷调查中取得比较高的分数，说明绝大多数人的总体适应性是很好的，但适应性最好的部分只占总体受访群体的 17.5%，说明还没有完全适应，并且还存在 3.5% 的人存在不太适应的现象，而这部分不太适应以及没有完全适应新环境的人是我们重点研究的对象，如表 8-13 所示。

表 8-13　易地搬迁移民总体适应性

得分比（%）	数量	占比（%）
0~40	0	0
41~60	7	3.5
61~80	158	79
81~100	35	17.5

（二）生计方式适应性

我们从移民的生计方式、谋生方法适应度、家庭开支负担度、按时固定工作时间、工作方式适应度等方面来探寻他们在生计方面的总体适应性。从总体看，94%的移民在生计方式上得分介于 11~20，也就是说，绝大多数人在生计方式方面是完全可以适应的。同时，易地扶贫搬迁居民生计方式适应性面临的挑战来自多个方面，可能有就业转型带来的挑战、劳动力文化素质和技术素质局限以及家庭青年劳动力的流失，如表 8-14 所示。

表 8-14　移民生计方式适应性

得分	得分人数	占比（%）
0~5	0	0
6~10	12	6
11~15	126	63
16~20	62	31

（1）就业转型带来的挑战。居民由原居住地搬迁到移民点，原先保有的农作土地将被征收，农民没有土地，必须得谋求其他生产方式。一般来说，一些人会选择自己开店或者做些小生意，但对于更多的人特别是老年人来说，"面朝换土背朝天"的生产方式他们已经习惯了一辈子，突然变成了必须按规定、按固定时间来生产劳作一时半会确实不太容易接受；另外，在我们访谈的过程中了解到一些老年人子女不在身边，既没有耕地又没有

合适的生产手段，完全靠着政府的补助与孩子的帮助生活，对于他们来说，感觉生活上好像突然没有盼头了，对新地区的适应造成困难。

（2）劳动力文化素质和技术素质局限。以欣荣村为例，88%的移民知识文化水平处于小学及以下阶段，对于一些先进技术手段的知识接受程度不够，导致即使政府出资请人来村里对村民进行技术培训，也很容易流于形式，再加上培训时间较短，培训方式不理想，更不容易满足村民的需求。

（3）青年劳动力的流失。以欣荣村为例，大部分留在村里的人属于家庭主妇、老人、留守儿童，年轻人更愿意在大城市里打拼，这造成了一部分劳动力资源的流失，给移民村的经济建设带来更大的阻碍。

（三）生活方式适应性

为了解易地扶贫搬迁移民在生活方式上的适应程度，我们从两个易地扶贫搬迁安置地的自然环境、城市化的生活方式、安置区的居住条件以及生活的总体状态的满意程度等方面去研究。通过表8-15可以发现，洪广镇有94%的移民在生活方式上适应性良好，仅有6%的移民在生活方式上不太适应。而兴泾镇有98%的移民在生活方式上适应性良好，仅有2%的移民在生活方式上不太适应。兴泾镇的易地扶贫搬迁移民在生活方式上总体比洪广镇的易地扶贫搬迁移民的适应性要好。总体来看，在生活方式上，两个镇的移民能够适应新的环境，融入当地社会。但实地走访发现，易地扶贫搬迁移民在生活方式适应方面仍存在供需短板。

表8-15　移民生活方式适应性

得分	洪广镇		兴泾镇	
	人数	占比（%）	人数	占比（%）
0~5	0	0	0	0
6~10	6	6	2	2
11~15	54	54	46	46
16~20	31	40	52	52

（1）文化体育活动软硬件缺乏。集中反映在一些集中安置的移民村庄。村上普遍有运动场所，但体育器材非常少；农村社区缺乏文化生活活动，造成一定的适应困难，村里的公共活动没有凝聚力。

（2）交通设施不发达。移民村庄地理位置偏僻，出行消费有很大的阻碍，村子里只能满足村民基本的生活需要，而对于一些需要更高层次消费的东西无法满足，商品进不来，村民出不去，给村庄的发展带来很大的挑战。

（四）社会关系适应性

针对易地扶贫搬迁移民在社会关系适应程度的分析，本章从安置区内居民间的邻里关系满意度和交往密切度、关心安置社区的发展、参与社区服务与管理的意愿程度等方面去分析和考察。通过实地调研和后期数据分析可知，洪广镇的移民在社会关系方面已经完全适应了当地社会，人与人之间交流密切，村委会和居委会也经常通过组织社会文化活动增强移民的社会关系适应性。兴泾镇有98%的移民在社会关系适应性良好，仅有2%的移民对于当地社会关系不太适应（见表8-16）。从这些数据中可知，两镇易地扶贫搬迁移民在社会关系适应性方面非常好，当地人与易地扶贫搬迁移民之间的关系十分和谐，对于安置区社区的发展以及参与社区服务和管理的意愿是很高的。

表 8-16　移民社会关系适应性

得分	洪广镇		兴泾镇	
	人数	占比（%）	人数	占比（%）
0~5	0	0	0	0
6~10	0	0	2	2
11~15	54	54	57	57
16~20	37	46	41	41

（1）楼房建筑减少人与人之间的交流。从前的村落式房屋布局，人与人之间的距离很近，现在人与人被一道道铁门阻隔，人们相互关心的机会变少了，移民的归属感降低，当地居民和移民之间的社会凝聚力减弱，移民的社会适应性会随之减小。

（2）文化水平差距较大。部分从偏远山区迁移到城镇的移民受教育程度并不高，很多东西特别是高科技物品的使用并不方便，而随着国家经济的日益发展，这种窘迫的时刻可能会越来越多，这种时候可能会产生差异感，从而降低社会适应性。

二、社会融入评估

（一）社会融合状况分析

根据后续对洪广镇和兴泾镇社会融合状况的数据分析可知，在满分是 25 分的情况下，得分最高的移民仅占 28% 和 39%（见表 8-17），大部分移民都处于基本融合和没有完全融合的状态，对于这一情况，我们团队发现，调查问卷中"您个人融入安置区社会的意愿如何？"这一项，全部移民都选择了非常愿意和愿意，说明移民对于想要融入当地社会的意愿非常强烈，如果要完全融合，需要在当地政府、村委会、居委会和易地扶贫搬迁移民个人的共同努力下才能完成。

表 8-17　移民社会融合得分

得分	洪广镇		兴泾镇	
	人数	占比（%）	人数	占比（%）
0~5	0	0	0	0
6~10	0	0	0	0
11~15	10	10	3	3
16~20	62	62	58	58
21~25	18	28	39	39

（二）易地扶贫满意程度

由图 8-3 可看出，被调查移民总体上对于易地扶贫的满意程度很乐观，大部分的移民对于易地扶贫搬迁移民是满意的，共 85.90%。其中，非常满意（41.60%）、满意（28.60%）、一般（15.70%），而不满意（14.10%）和非常不满意（0%）的比例共 14.10%。

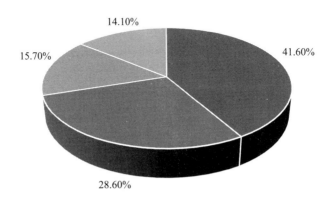

14.10%
15.70%
41.60%
28.60%

∙非常满意 ∙满意 ∙一般 ∙不满意 ∙非常不满意

图 8-3　易地扶贫满意程度

（三）移民后移民与当地居民的相处关系

从图 8-4 看出，移民后移民与当地居民相处关系的调查看，被调查移民对于移民后所面临的相处人群的改变，总体上适应状况很好，移民与当地居民的相处关系非常和谐（40.40%）、和谐（47.10%）、一般（10.60%）和不和谐（2.00%）；同时，从移民心理适应的程度上看，大部分移民适应程度高，少部分移民适应得比较慢，一般的比例占 10.60%，不和谐的比例仅占 2.00%。

（四）移民后生活状况的改善情况

从图 8-5 可得出，被调查移民对于移民后生活改善状况，总体上适应状况比较好，从改善较小、一般和明显改善的比例看，共有 93.3% 左右的人其生活状况得到改善，仅有 6.70% 的人没有改善，并且没有情况下降的比例，说明适应情况较好。

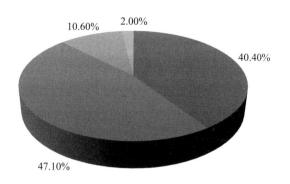

图 8-4　移民与当地居民相处和谐情况

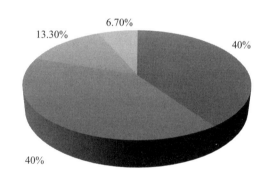

图 8-5　移民生活状况改善情况

（五）回迁意愿

从图 8-6 可得出，大部分的移民对于移民后回迁态度很明确，有 83.9% 左右的移民没有回迁意愿，但仍有人表示无所谓（8.60%）或具有回迁意愿（7.50%），说明被调查移民中对于移民后所面临的改变，基本能够适应新的生活和生产方式，但仍有小部分移民适应状况并不是太好。

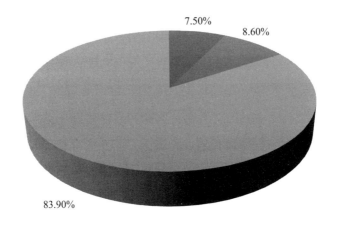

图 8-6　移民回迁意愿情况

第四节　易地扶贫搬迁移民社会融合策略与路径

一、易地扶贫搬迁移民社会融合策略

经过 2019 年 4 月 12 日对银川市贺兰县洪广镇、西夏区兴泾镇两个移民搬迁安置区的实地考察，结合问卷统计分析，研究小组成员商讨出以下的社会融合策略及路径，以期能够为当地政府在解决移民搬迁问题时提供一些借鉴，让移民搬迁后在安置地能真正地做到"稳得住、能致富"。

（一）影响因素分析

（1）受教育水平。文化程度是影响易地扶贫搬迁移民适应性和融入性的一项重要因素，由后期调查问卷的数据统计可知，文化水平越高，移民的适应性程度越高，大学本科、研究生及以上学历的移民总体适应性的平均分为 66 分，高中或中专移民总体适应性的平均分为 61.8 分，而文化程度是小学及以下的移民总体适应性平均值仅为 61.9 分，如图 8-7 所示。

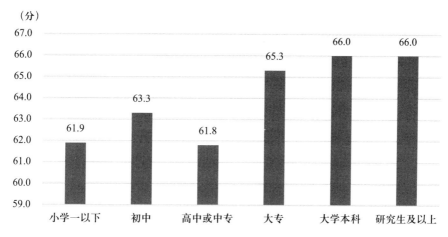

图 8-7　移民受教育水平

（2）年收入水平。由表 8-18 数据统计和分析可知，移民的年收入在 10000 元以下的总体适应性得分的平均分为 61.5 分和 61.3 分，年收入在 10000~40000 元的移民的总体适应性平均分为 64.7 分和 64.4 分，由此可见，年收入越高，移民的总体适应性越强。

表 8-18　移民年收入水平

年收入（元）	数量	得分	平均值
5000 以下	27	1661	61.5
5001~10000	32	1961	61.3
10001~20000	30	1942	64.7
20000~40000	8	515	64.4
40001 以上	3	190	63.3

（二）提升移民群众归属感，促进移民地稳定发展

（1）设立义务巷长制。义务巷长制是以安置区的每一条街巷为单位探索建立三级管理全民参与的义务巷长制工作机制，以移民群众在山区故乡村、组的名称为巷道命名推选出 47 名义务巷长，实行日巡、周查、月评、季通报、年考核工作制度。这样的制度不仅能够实现对当地移民精细化的管理，及时地了解和满足当地移民的需求，同样以故乡村、组的名称命名的巷道也能够极大地增强当地移民的归属感和熟悉感，减少了移民心理上对安置区的陌生感和不适应，从而使易地扶贫搬迁移民能更好地融入当地社会和当地环境。

（2）调整移民群众的土地分配。在调研过程中我们发现，部分年龄比较大的老人在搬迁进来后，不适应不做农活的日子，因为祖辈都是以耕地为生，早已习惯了那种生活，突然的改变使他们丧失了基本的生存方式。即使后面渐渐适应了不以种地为主的生活，但心理也仍旧割舍不下自己以前的半亩三分地，所以对迁入地没有强烈的归属感的，进而无心和无力参与移民区的建设及管理。所以，当地政府应该在移民安置后按人口给每户移民都分配一些土地，这些土地的来源可以是开垦周边的荒地或者是政府统一租赁周边闲置土地，这样在家的老人可以通过种地来打发时间，同时种植的各类蔬菜水果可以通过政府渠道进行销售，这样不仅可以补贴老人的一些家用，还能提升群众的获得感，稳住移民群众的心。

（3）从文化活动中激发人民群众的内生动力。在调查的过程中我们发现，居民对于文娱的参与度较低，究其原因不乏宣传做得不到位。基于此，应该在村镇上建设板报、图书阅览室等。板报用于村镇发生的人员选举、好人好事、各类文化活动的宣传上；图书阅览室可以放置适合各个年龄段居民的读物或报纸等。通过这些方式，不仅可以提升移民群众的修养，更能加强移民群众对迁入地的归属感。

（三）提高政府办事效率，解决移民就业问题

（1）建设真正为人民服务的政府。虽然政府一直在强调简政放权、提高政府的办事效率，建设为人民服务的政府，但在针对兴泾镇、洪广镇的迁入居民调研过程中，我们发现，有一些民众反映说当地政府办事效率低下，推脱责任。自从搬迁过来之后政府就很少对居民进行管理，居民平常有事也不知道如何反映更不知向谁反映。部分居民觉得移民过来分配的房子有些小，想扩建房子，也迟迟得不到当地政府的回应。因此，当地政府想要真正做到简政放权，应该多走进移民群众的家庭了解真实情况，多与群众交流沟通，听取群众的心声和意见，这样才能建设更为亲民的政府、务实、促民生、为人民服务的政府，最后才能真正地把为人民服务落到实处。政府只有真正做到为人民服务，才能促进移民地的长期发展。

（2）充分利用当地各项资源，解决移民群众的就业问题。在调研过程中，我们发现，大多数迁移过来的群众都掌握一些技能，例如，刺绣、编制草帽等技能，这些技能如果得到很好的利用，不仅可以帮助群众很好就业，更能带领移民群众脱贫致富。想要让人民群众真正地致富，产业扶贫至关重要。推进产业扶贫健康发展，不仅可以让移民户获得更多利益，也能促进搬入地的协调发展。我们认为，在利用当地资源的过程中，可以建立移民户入股分红与市场经营挂钩的利益调节机制，避免不切实际的过高分红比例造成政策性养懒汉。以移民户实际参与和受益为出发点和落脚点，突出"志智双扶"，激发移民群众脱贫的志气、奋斗的志向。

（3）招揽大学生村官。在青年人才中加强乡村振兴人才体系建设。在乡村基层中注入青年力量，让朝气蓬勃的青年人带动扶贫地区居民的生活质量更上一层楼，乡村建设更上一层楼，也让乡村建设更有感召力。在村官与居民的共同努力下，打造更具有发展潜力的乡村。这不仅会增强居民的融入度与成就感，也能促进移民地的长期发展。

（四）加强移民群众教育，防止移民返贫现象

（1）加大教育宣传力度。经过实地调查，我们发现大多数移民过来的群众知识文化程度都比较低，极大地影响和限制了他们的就业。搬迁过来的移民中，年限最长的是 50 年，年限最短的也有五六年，年限长的移民受教育程度较低，主要是受到当时的经济条件和自然环境、交通状况等因素限制。搬迁过来年限最短的群众中存在受教育水平在初中以下甚至是文盲的主要原因是父母文化程度低，所以对他们的要求不高，以至于让他们没有读书的意念。还有一些是因为搬迁过来后当地政府没有做好教育宣传工作，让他们错失了受教育的机会。所以在移民搬迁过来后的当务之急是解决教育问题，加大教育的宣传力度，这一项工作应该放在首位。

（2）大力推行以专业培训为主的兴趣小组。在以往传统的社区文化活动中，人们的积极性不高，参与居民人数也十分有限。该项目所推行的是以专业培训为主的兴趣小组和社区文化活动，是针对移民的兴趣爱好和家乡的文化特色配以专业的培训人员进行指导，提高整个团队的专业性和积极性，充分发展他们的兴趣爱好，并在社区的帮助下以表演或商演的形式展现出来，不仅可以提高移民自身的自我修养，而且能更好地加强移民间、移民与当地居民间的互动和交流。以贺兰县洪广镇欣荣村为例，移民搬迁群体中以秦腔、书法、象棋、广场舞为爱好，当地村委会可设立这样的兴趣小组，并配以专业的指导人员，组织社区比赛或表演，极大地提高了易地扶贫搬迁群体参与文化活动的积极性。

（3）社会帮助防返贫。社会帮助可降低移民群众受到排斥的可能，鼓励大学生等志愿者进入搬迁群体，对适应城市化生活有困难的人群进行日常生活教学，政府对先进事迹人员进行宣传，鼓励原住民和移民群众相互交融，减少移民群众受到排斥的可能，防止贫困地区滋生贫困亚文化。

（4）政府统一安置保障移民住房。通过在兴泾镇和洪广镇的调研，我们了解到，目前移民群众的安置房是由政府统一规划、建造的，易地扶贫搬迁移民社区的建设不仅方便移民生活，更促进移民群众城市化生活。以洪广镇欣荣村为例，移民前的群众大多是以务农为主，搬迁之后则从事工业、商业，开始了城市定居、城市工作、城市养老的城市化生活。但城市化生活并不仅仅是让移民群众享有与城市居民相同的社会权利，而是让失地移民实现身份地位价值观及生产生活方式等各方面向市民身份的转变和融入城市社会的过程。政府通过统一安置保障移民住房，很大程度上会降低移民返贫现象的出现。

二、社会融入路径

（一）社会救助，残疾人培训，兜底保民生

对残疾人进行专业技能培训，合理安排工作，有效缓解残疾人的生活

困难问题，对重度残疾人进行社会救助，坚持"保基本，兜底线，促脱贫"原则为兜底贫困户，量身定做保障政策，确保同步进入小康社会。以欣荣村为例，利用帮扶资金为 15 户兜底户，解决无劳动力持续收入问题，日间照料中心为 54 名兜底贫困人员，提供就餐服务。欣荣微服务中心为 11 户提供居家照料服务，新增办理低保 31 人，低保提标 16 人，办理临时救助 26 人，公共性岗位及合作社解决 4 人就业。

（二）实行教育扶贫，减轻移民群众生活负担

发展教育拔穷根，"把书读下去，然后走出去"。建立和健全建档立卡户的贫困户在校就读学生台账，设立奖、助学金，充分发挥优秀学生榜样的力量，积极鼓励广大学子学习奋进精神，精准扶贫、精在扶志。重在增强人口勤劳致富的主动性和能动性，贵在不断强化贫困人口的自我发展能力，将"扶志"与"扶智"放在更加突出的位置，坚持精准扶贫，深入开展感恩奋进教育，牢固树立广大村民社会主义核心价值观，用志气消除思想上的包袱，用智慧解除能力上的束缚，阻断贫困代际传递，用"扶志"与"扶智"这两把"金钥匙"充分释放贫困致富的内生动力。

（三）完善社会保障，促进社会融入

设立医疗保险、养老保险等多重社会保险，尤其针对精准扶贫户和建档立卡户给予优惠政策，完善基本医疗报销和大病保险的赔付，免费借贷 10 万元。针对 60 岁以上的老人，每月给予 1000 元的养老保险，在脱贫致富的路上，移民群众的身体健康和后续养老不可忽视，政府对其提供的医疗保险和养老保险等一系列社会保障，都促进了搬迁贫困人口的社会融入。

（四）社会帮助防返贫，减少受到排斥的可能

鼓励大学生等志愿者进入搬迁群体，对适应城市化生活有困难的人群进行日常生活教学，政府对具有先进事迹人员进行宣传，鼓励原住民和移民群众相互交融，减少移民群众受到排斥的可能，防止贫困地区滋生贫困亚文化。

（五）拓宽帮扶渠道，保障移民收入

在移民搬迁安置地周围设立多个工厂，为移民群众提供多种选择的就业机会，确保有劳动力的家庭都能就业。同时，发放一定的社会补贴，让移民群众做到"想干就能干"，从市级、县级调入专业技术人员，进行移民群众的技能培训。

第九章 结论与讨论

第一节 主要研究内容

本书以快速城镇化进程中的动迁安置型社区为研究对象，围绕其物质空间和社会空间的生产、发展和治理进行分析，研究这类社区在城镇化进程中，其社区物质空间生产和社会空间生产的协同机制、耦合水平及如何进行有效治理。研究内容包括以下几个方面：

一是对当前我国城镇化进程中出现的各类被动迁居嵌入型社区进行归纳梳理，对其概念进行界定，划分类型，在此基础上，基于空间生产"三元一体"的理论分析框架分别对三种类型的被动迁居嵌入型社区的空间生产过程机理进行深入探讨和系统分析。

二是以被征地农民安置型被动迁居嵌入式社区为例，对这类嵌入式社区空间生产水平进行综合评价，并从物质空间生产和社会空间生产两个层面探讨影响其空间生产水平的物质因子和社会因子，以此作为对这类社区进行综合治理的切入点。

三是对动迁安置型社区物质空间生产和社会空间生产的协调耦合度进行了定量化分析评价，并通过障碍因子测度模型，测度阻碍被动迁居嵌入型社区物质空间生产和社会空间生产协同性的因子及其影响度。

四是探讨了生态移民安置社区社会空间融合过程，以及空间生产理论的适用性，进而构建了生态移民安置社区社会空间融合分析框架。在此基础上，采用熵值法、秩和比法、加权模糊社会空间融合指数测度生态移民安置社区空间融合水平，采用地理探测器模型识别了约束生态移民安置社区社会空间融合因子，并借助交互探测模块，解析生态移民安置社区社会空间融合机制。

五是在空间生产理论及空间三元辩证法的指导下，梳理动迁安置社区的空间生产过程机理，并提出此类社区综合治理的针对性措施。

第二节　主要研究结论

一、三类动迁安置型社区空间生产机理

动迁安置型社区的建设与发展是一个完整的三元辩证的空间生产过程，三类社区的空间生产过程各不相同，但反映了动迁安置社区空间生产过程的共同特征：即"平衡—冲突—融合"的形式，最终都会生产出一个新的、更高水平的、复杂平衡的生产空间。

在宏观层面上，三类社区中政治空间的生产水平各不相同，主要是由于三类社区的居民性质不同，进而引起政府的空间实践有所差异。但总的来说，政治空间总是空间生产中最先发生变化、打破原有空间平衡态的子空间，一定意义上是空间生产过程的原动力。资本在此类社区中的主动性不强，其空间实践依赖政府的带动。

在微观层面上，三类社区空间生产的差别主要体现在对物业管理空间的接受程度。但无论如何，物业管理空间是城市社区中空间生产的重要组成部分，要嵌入城市空间、融入城市生活，必将最终接纳物业管理空间，达到较为平衡的状态。

二、动迁安置社区空间生产水平和影响因子分析

从物质和社会两个方面，将社区微观空间生产细化为生活服务空间、

健康舒适空间、管理保障空间、社区归属空间、社区适应空间和社区参与空间6个子空间，据此构建指标体系，并运用主成分分析法和地理探测器对银川9个被征地农民安置社区进行社区微观空间生产水平的综合测算及影响因子分析。结果表明：

（1）银川被征地农民安置型社区的空间生产水平整体较低。

（2）被征地农民安置型社区的物质空间生产水平往往高于社会空间的生产水平。

（3）社区内部环境卫生、居民对社区生活状态的总体满意感和社区居委会管理服务是最主要的影响因子。

三、动迁安置社区空间生产协同评估

运用熵权法和综合指数法，测度银川11个被动迁居嵌入式社区综合发展水平，借助耦合协调度模型，测算银川11个被动迁居嵌入式社区耦合协调度等级，并利用障碍度模型诊断研究单元空间生产协同发展障碍因子。结果表明：

（1）银川11个被动迁居嵌入式社区综合发展水平空间差异性较小，区域内出现物质空间生产超前发展，综合发展水平呈现低层次，空间生产发展剥夺明显。

（2）物质空间生产和社会空间生产耦合协调度水平极低，耦合协调度处于极度失调阶段，且呈现社会空间生产滞后表象。

（3）阻碍银川11个被动迁居嵌入式社区空间生产协同水平的障碍因子有参与社区管理事务讨论、社区居委会/村委会管理服务、社区住房房价涨势、社区治安状况、社区物业管理服务、社区对于居住者的亲切感、社区内部环境卫生、社区物业管理服，平均障碍度达45%，社会空间生产仍是被动迁居嵌入式社区空间生产协同水平的主要矛盾。

四、动迁安置社区的社会空间融合

从空间生产理论三元辩证视角出发，通过银川4个典型安置区450位生态移民的访谈调查，厘清了生态移民社会空间融合的三元互动过程，测度出三元空间关系格局下的生态移民社会空间融合水平及影响因素，明确了生态移民社会空间融合机制，并验证了空间生产理论引入我国生态移民研究的适用性和科学性，其主要发现如下：

（1）银川典型安置区生态移民的社会空间融合水平整体偏低，社会空间剥夺抑制了生态移民空间再现融合水平，空间实践错位约束了生态移民空间实践水平，空间隔离阻碍了再现空间融合水平。

（2）银川生态移民社会空间融合的关键影响因子依次为参与社区活动意愿、社区亲切感、社区整体环境满意度、生活方式适应性、社区名誉维护度。其中，空间再现是基础因子，提升生态移民生活方式适应性有助于提升社会空间融合水平；空间实践是关键驱动力，对参与社区活动意愿的驱动力最强，空间实践中良性的互动活动具有带动和示范作用，促进了生态移民与城市居民间良性互动，消解彼此间的刻板印象；再现空间是内涵因子，生态移民社区亲切感的提升对其社会空间融合的作用较强。

（3）银川生态移民社会空间融合水平提升的关键路径，包括提升参与社区活动意愿与社区亲切感，参与社区活动意愿与生活方式适应性、社区整体环境认同、社区名誉维护度间的交互作用，以及破除空间剥夺、刻板印象、空间隔离的恶性循环。

五、三类动迁安置社区空间生产协同治理措施

动迁安置社区的空间生产过程是一个由平衡到冲突，经长期的融合重新达到平衡的过程。整个过程不仅处处体现着空间生产的特点，而且蕴含着马克思主义的基本原理。站在哲学的角度看，动迁安置社区中的各子空间及其主体相互联系、相互作用、相互制约、相互影响，共同构成社区空

间生产结构性、整体性、层次性、开放性的空间大系统，且空间生产的过程是新空间的产生和旧空间的灭亡，体现了发展的实质，其表象是空间生产的发展和空间结构、社会关系的变迁。空间生产中的矛盾双方：空间的表征和表征的空间，以及规训空间和反规训空间都是对立统一的，其化解矛盾的方式是空间的实践。从一个阶段到另一个阶段都是空间生产从量变到质变的积累，最终社区空间生产阶段实现的平衡状态也绝不可能是社区空间生产的终点，社会空间生产会随着社区空间的存在永续进行，不断创造更高水平的生产空间，是一个螺旋式上升的过程。在此类社区的治理中，也要在尊重客观规律的同时发挥各个主体的主观能动性，牢牢把握重点论，对社区中的主要矛盾进行相应的治理。

第三节　研究创新与不足

一、研究创新

一是在研究对象上，本书将出现在我国快速城镇化这一特定进程中，因城市空间扩张和重构而产生的各类被动迁居的各类社区根据其"被动、迁居、安置"这一内在共性进行整合，提出了"被动迁居嵌入型社区"的概念并作为研究对象，在国内具有一定的创新性。

二是在研究内容上，基于协同学原理和社会空间生产辩证法理论相结合的视角，研究被动迁居嵌入型社区内部物质空间生产和社会空间生产的协同机制，并引申研究了空间正义和空间公平问题。

三是在研究方法上，充分融合地理学、社会学和城市规划学的研究优势及特色，突出空间化的研究手段和表达方法，采取数理模型分析和社会学质性分析方法相结合的办法，在研究过程中对研究结果不断进行相互校核和相互验证，保证研究结果的科学性和有效性。

二、不足之处

一是在案例选择的科学性上还有待进一步完善。对于动迁安置社区案例社区的选取上由于时间、精力和认识等各方面条件的限制，对于不同案例社区类型的界定、个数的选取等仅仅是在阅读文献和实地调研的基础上按照一定的标准进行划分，划分标准在科学性上还有欠缺，希望在以后的深入研究中进行弥补和完善。

二是资料收集上无法做到周全、客观。由于我国基层社区众多，动迁安置社区规模巨大，社区发展变迁具有一定的特殊性，涉及的因素有很多，各个社区的城市化水平也有所差异，本研究只选择了银川周边的案例社区进行案例研究，并没有考察其他地区的具体情况，在资料收集上也不能做到全面、客观，研究结论是否适用于其他地区，仍有待进一步验证。

参考文献

［1］Al-Husban M, Adams C. Sustainable Refugee Migration: A Rethink towards a Positive Capability Approach[J]. Sustainability，2016，8（5）: 451.

［2］Aliekber Doğan, Bediz Yılmaz. Ethnicity, Social Tensions and Production of Space in Forced Migration Neighbourhoods of Mersin: Comparing the Case of the Demirtaş Neighbourhood with Newly Established Ones[J]. Journal of Balkan and Near Eastern Studies，2011，13（4）: 475-494.

［3］Ayeb-Karlsson S, Smith C D, Kniveton D. A Discursive Review of the Textual Use of "trapped" in Environmental Migration Studies: The Conceptual Birth and Troubled Teenage Years of Trapped Populations[J]. Ambio，2018，47（5）: 557-573.

［4］Braithwaite A, Salehyan I, Savun B. Refugees, Forced Migration, and Conflict: Introduction to the Special Issue[J]. Journal of Peace Research，2019，56（1）: 5-11.

［5］Camagni R, Gibelli M C, Rigamonti P. Urban Mobility and Urban Form: The Social and Environmental Costs of Different Patterns of Urban Expansion[J]. Ecological Economics，2002，40（2）: 199-216.

［6］Castell M, Cardoso G. The Network Society: From Knowledge to Policy[R]. Washington DC: Center for Transatlantic Relations，2005.

［7］Castells M. The City and the Grassroots[M]. London: Edward Arnold，1983.

［8］Castells M. Translated by Alan Sheridan: The Urban Question[M]. Cambridge, Mass: The MIT Press，1977.

［9］ Chen W, Hall B J, Ling L, et al. Pre-migration and Post-migration Factors Associated with Mental Health in Humanitarian Migrants in Australia and the Moderation Effect of Post-migration Stressors: Findings from the First Wave Data of the BNLA Cohort Study[J]. The Lancet Psychiatry, 2017, 4（3）: 218-229.

［10］ Crampton J W, Elden S. Space, Knowledge and Power: Foucault and Geography[M]. Aldershot, Hants: Ashgate, 2007.

［11］ Crampton J W. The Biopolitical Justification for Geosurveillance[J]. Geographical Review, 2007, 97（3）: 389-403.

［12］ D. Harvey. Social Justice and the City[M]. London: Edward Amold, 1973: 306.

［13］ Dowling T J. Reflections on Urban Sprawl, Smart Growth, and the Fifth Amendment[J]. University of Pennsylvania Law Review, 2000. 148（3）: 873-887.

［14］ Durose C, Lowndes V. Neighborhood Governance: Contested Rationales within a Multi-level Setting: A Study of Manchester[J]. Local Government Studies, 2010, 36（3）: 341-359.

［15］ E Soja. The Socio-spatial Dialectic[J]. Annals of the Association of American Geographers, 1980（70）: 7-14.

［16］ Ehrenfeucht R, Loukaitou-Sideris. Constructing the Sidewalks: Municipal Government and the Production of Public Space in Los Angeles, California, 1880-1920[J]. Journal of History Geography, 2007, 33（1）: 104-124.

［17］ Elden S. Governmentality, Calculation, Territory[J]. Environment and Planning Society and Space, 2007, 25（3）: 562-580.

［18］ Fernando D O. Madrid: Urban Regeneration Projects and Social Mobilization[J]. Cities, 2007, 24（3）: 183-193.

［19］ Fitzgerald D S, Arar R. The Sociology of Refugee Migration[J]. Annual Review of Sociology, 2018, 44（1）: 387-406.

［20］Foucault M. Security, Territory, Population: Lectures at the College de France[M]. Basingstoke, Hants: Palgrave Macmikkan，2007.

［21］Foucault M. Space, Knowledge and Power: Foucault and Geography[M]. Aldershot, Hants: Ashgate，2007.

［22］Foucault M. Space, Knowledge and Power[J]. Faubion Essential Works of Foucault，1986（1）: 7–14.

［23］Foucault M. The Hermeneutics of the Subject: Lectures at the College de 1981–1982[M]. Aldershot, Hants: Ashgate，2005.

［24］Foucault M. The Subject and Power[J]. Faubion J. D. Essential Works of Foucault，1982（1）: 7–14.

［25］Foucault M. 必须保卫社会 [M]. 钱翰，译 . 上海：上海人民出版社，1999.

［26］Foucault M. 规训与惩罚 [M]. 刘北成，扬远婴，译 . 北京：生活·读书·新知三联书店，1999.

［27］Hartshorne R. The Concept of Geography as a Science of Space, from Kant and Humboldt to Hettner[J]. Annals of the Association of American Geographers，1958，48（2）: 97–108.

［28］Harvey D W. Social Justice and the City [M]. London: Edward Arnold，1973.

［29］Harvey D. From Managerialism to Entrepreneurialism: The Transformation in Urban Governance in Late Capitalism[J]. Geografiska Annaler，1989，71（1）: 3–17.

［30］Harvey D. The Condition of Postmodernity an Enquiry into the Origins of Cultural Change[M]. Oxford: Basil Blackwell，1989.

［31］Hovil L. Self–settled Refugees in Uganda: An Alternative Approach to Displacement? [J]. Journal of Refugee Studies，2007，20（4）: 599–620.

［32］Huxley M. Spatial Rationalities: Order, Environment, Evolution and Government [J]. Social & Cultural Geography，2006，7（5）: 771–797.

［33］Jeroen Klink, Vanessa Elias de Oliveira, Artur Zimerman. Neither Spatial

Keynesianism, Nor Competitive Neolocalism: Rescaling and Restructuring the Developmental State and the Production of Space in Brazil[J]. International Journal of Urban Sustainable Development, 2013, 5（1）: 25-39.

[34] Johnson P. Foucault's Spatial Combat[J]. Environment and Planning Society & Space, 2008（26）: 611-626.

[35] Jumba A, Dragitevir S. High Resolution Urban Land Use Change Modeling: Agent City Approach[J]. Applied Spatial Analysis and Policy, 2012, 5（4）: 291-315.

[36] Kazi Ankan. Fragmented Dhaka: Analysing Life with Henri Lefebvres Theory of Production of Space[J]. International Social Science Journal, 2011, b1（200/201）: 321-323.

[37] Kelman I, Orlowska J, Upadhyay H, et al. Does Climate Change Influence People's Migration Decisions in Maldives? [J]. Climatic Change, 2019, 153（1-2）: 285-299.

[38] Knox P L, Pinch S. Urban Social Geography: An Introduction[M]. Harlow, UK: Pearson Education Limited, 2000.

[39] Lefebvre H. The Production of Space[M]. Oxford: Blackwell, 1991.

[40] LeGates R T, Stout F. City Reader[M]. London and New York: Routledge, 2003.

[41] Lei Zhou, Liyang Xiong. Evolution of the Physical and Social Spaces of "Village Resettlement Communities" from the Production of Space Perspective: A Case Study of Qunyi Community in Kunshan[J]. International Journal of Environmental Research and Public Health, 2019, 16（16）: 7-14.

[42] Loibl W, Toetzer T. Modeling Growth and Densification Processes in Suburban Regions: Simulation of Landscape Transition with Spatial Agents[J]. Environmental Modelling & Software, 2003, 18（6）: 553-563.

[43] Ma G, Hofmann E T. Immigration and Environment in the U. S. : A Spatial Study of Air Quality[J]. The Social Science Journal, 2019, 56（1）: 94-106.

［44］ Mee K N. Property-led Urban Renewal in Hong Kong: Any Place for the Community? [J]. Sustainable Development，2002，10（3）：140-146.

［45］ Michaele Leary. The Production of Space through a Shrine and Vendetta in Manchester: Lefebvres Spatial Triad and the Regeneration of a Place Renamed Castlefield[J]. Planning Theory and Practice，2009，10（2）：189-212.

［46］ Mitchell W J. City of Bits: Space, Place, and the Infobahn[M]. Cambridge, Mass: The MIT Press，1996.

［47］ Nuissl H, Siedentop S. Landscape Planning for Minimizing Land Consumption[J]. Encyclopedia of Sustainability Science and Technology，2013（1）：323-354.

［48］ Portes R, Zhou M. The New Second Generation: Segmented Assimilation and its Variants[J]. International Migration Review，1997，31（4）：826-874.

［49］ Richard Dennis. Cities in Modernity: Representations and Productions of Metropolitan Space，1840-1930[M]. Cambridge and New York: Cambridge University Press，2008.

［50］ Rossi U. The Multiplex City: The Process of Urban Change in the Historic Centre of Naples[J]. European Urban and Regional Studies，2004，11（2）：156-169.

［51］ Schaefer F K. Annals of the Association of American Geographers[J]. Annals of the Association of American Geographers，1953，43（3）：226-249.

［52］ Sevilla-Buitrago A. Territory and the Governmentalisation of Social Reproduction: Parliamentary Enclosure and Spatial Rationalities in the Transition from Feudalism to Capitalism[J]. Journal of Historical Geography，2012，38（3）：209-219.

［53］ Smith N, O'Keefe P. Geography, Marx and the Concept of Nature[J]. Antipode，1989（12）：30-39.

［54］ Smith N. Uneven Devlopmentz: Nature, Capital and the Producrtion of Space [M]. Oxford: Oxford Blackwell，1984.

［55］ Soja E W. Third Space: Journeys to Los Angeles and Other Real-and-Imagined Places[M]. Blackwell Publisher，1996.

［56］ Stachowski J. Processes of Socio-spatial Exposures and Isolations among Polish Labour Migrants in Rural Norway: Exploring Social Integration as a Lived Experience[J]. European Urban and Regional Studies，2020，27（4）：379-397.

［57］ Terry Cx McGee. lntenrgating the Production of Urban Space in China and Vietnam under Market Socialism[J]. Asia Pacific Vewpoint，2009，50（2）：228-246.

［58］ Thomas Dorfler. Antinomien des（neuen）Urbanismus. Henri Lefebvre, Die Hafen City Hamburg and Die Produktion Des Postu Rbanen Raumes: Eine Forschungsskizze[J]. Raumforsch Raumordn，2011（69）：91-104.

［59］ Wang W W, Fan C C. Migrant Workers' Integration in Urban China: Experiences in Employment, Social Adaptation, and Self-Identity[J]. Eurasian Geography and Economics，2012，53（6）：731-749.

［60］ Winter-Ebmer R. Motivation for Migration and Economic Success[J]. Journal of Economic Psychology，1994，15（2）：269.

［61］ Ye C, Chen M, Chen R, Guo Z. Multi-scalar separations: Land Use and Production of Space in Xianlin, A University Town in Nanjing, China[J]. Habitat Int., 2014（42）：264-272.

［62］ 包新宇，杨迪，王嘉淇，等. 秩和比法、改良 TOPSIS 法及模糊联合法综合评价视力不良效果的比较 [J]. 中华疾病控制杂志，2020，24（11）：56-60.

［63］ 包亚明. 现代性与空间的生产 [M]. 上海：上海教育出版社，2003.

［64］ 操小晋，朱喜钢，余思奇，邓元媛. 基于场域理论的后单位社区空间

生产研究——以徐矿社区为例 [J]. 热带地理，2022，42（4）：567-578.

［65］曹康，刘梦琳. 空间生产视角下特色小镇发展机制研究——以杭州梦想小镇为例 [J]. 现代城市研究，2019（5）：25-29+48.

［66］查理德·皮特. 现代地理学思想 [M]. 周尚意，译. 北京：商务印书馆，2007.

［67］柴梅，田明华，李松. 城市社区认同现状及重塑路径研究 [J]. 城市发展研究，2017，24（11）：70-75.

［68］陈静梅，李凤英. 记忆理论视角下生态移民的文化适应探究——以贵州省榕江县丰乐社区为例 [J]. 广西民族研究，2019（5）：65-72.

［69］陈明. 拆迁安置社区：治理困境与改革路径——基于北京市海淀区 Z 村的调查 [J]. 农村经济，2018（4）：75-81.

［70］陈晓，刘小鹏，王鹏，等. 旱区生态移民空间冲突的生态风险研究——以宁夏红寺堡区为例 [J]. 人文地理，2018，33（5）：106-113.

［71］陈映芳. 都市大开发：空间生产的政治社会学 [M]. 上海：上海古籍出版社，2009.

［72］陈忠祥，沙爱霞，马海龙. 宁夏回族社区人地关系研究 [M]. 银川：宁夏人民出版社，2007.

［73］崔冀娜，王健. 资本禀赋、公平感知与生态移民城镇融入研究——以三江源地区为例 [J]. 干旱区资源与环境，2020，34（7）：97-103.

［74］大卫·哈维，黄晓武. 列菲弗尔与《空间的生产》[J]. 国外理论动态，2006（1）：53-56.

［75］大卫·哈维. 巴黎城记：现代性之都的诞生 [M]. 黄煜文，译. 桂林：广西师范大学出版社，2010.

［76］邓研华，曾娟. 易地扶贫搬迁安置社区居民生计问题分析：基于贵州省 M 县的经验数据 [J]. 农村经济与科技，2021，32（22）：161-163.

［77］丁波. 新主体陌生人社区：民族地区易地扶贫搬迁社区的空间重构 [J]. 广西民族研究，2020（1）：56-62.

［78］董灵艳，黄睿．农村安置社区存在的问题及对策——以绍兴市越城区L小区为例［J］.农村经济与科技，2022，33（9）：187–189+196.

［79］董运来，王艳华．易地扶贫搬迁后续社区治理与社会融入［J］.宏观经济管理，2021（9）：81–86.

［80］杜培培．从差序、离散到融入——"村改居"社区的空间生产研究［J］.城市规划，2019，43（6）：64–70.

［81］方创琳，马海涛．新型城镇化背景下中国的新区建设与土地集约利用［J］.中国土地科学，2013（7）：4–9.

［82］方创琳，杨玉梅．城市化与生态环境交互耦合系统的基本定律［J］.干旱区地理，2006（1）：1–8.

［83］冯雷．当代空间批判理论的四个主题——对后现代空间论的批判性重构［J］.中国社会科学，2008（3）：40–51.

［84］冯英杰，钟水映．生态移民工程与生态系统可持续发展的系统动力学研究——以三江源地区生态移民为例［J］.中国人口·资源与环境，2018，28（11）：10–19.

［85］傅行行，申悦．面向社区生活圈构建的郊区居民社区依赖性研究——以上海市为例［J］.地理科学进展，2019，38（6）：18–28.

［86］高峰．空间理论视角的外来农民工城市融入问题研究：对苏南的考察［M］.北京：科学出版社，2013.

［87］高慧智．第三空间视角下非正规空间的生产逻辑与治理应对——对义乌"四层半"的实证研究［J］.规划师，2021，37（17）：74–79.

［88］高新宇，许佳君．空间重构与移民社区融入——基于"无土安置"工程的社会学思考［J］.社会发展研究，2017，4（1）：73–93.

［89］顾朝林，于涛方，李平．人文地理学流派［M］.北京：高等教育出版社，2008.

［90］郭付友，佟连军，仇方道，等．黄河流域生态经济走廊绿色发展时空分异特征与影响因素识别［J］.地理学报，2021，76（3）：26–39.

［91］ 郭艳.特色小镇建设中被征地农民问题的应对之道——乡村振兴战略
背景 [J].社会科学家，2020（8）：89-95.

［92］ 韩晓佳，王亚娟，刘小鹏，等.基于不同利益相关者认知分析的生态移
民安置区生态风险识别 [J].应用生态学报，2017，28（9）：3061-3070.

［93］ 何得桂，徐榕，张旭亮.乡村振兴视域下易地扶贫搬迁社区治理及其
深化 [J].行政科学论坛，2019（2）：37-42.

［94］ 何雪松.空间、权力与知识：福柯的地理学转向 [J].学海，2005（6）：
44-48.

［95］ 何艳冰，陈佳，黄晓军.西安城市边缘区失地农民社区恢复力测度与
影响因素 [J].中国人口·资源与环境，2019，29（3）：126-136.

［96］ 赫特纳.地理学——它的历史、性质和方法 [M].北京：商务印书馆，1983.

［97］ 亨利·列斐伏尔.空间与政治 [M].第2版.上海：上海人民出版社，2015.

［98］ 胡琦.法治与自治：社会组织参与建构社会治理"新常态"的实现路
径 [J].探索，2015（5）：77-82.

［99］ 胡西武，陈珍妮，黄越，等.宁夏生态移民定居意愿和行为的地理要
素影响研究 [J].干旱区资源与环境，2019，34（2）：29-38.

［100］胡西武，刘小鹏，黄越，等.宁夏生态移民村空间剥夺测度及影响因
素 [J].地理学报，2020，75（11）：2224-2240.

［101］胡洋，翟国方，何仲禹，顾福妹.公众视角下旧城改造规划实施后的
综合评估——以南京市门东历史街区为例 [J].城市问题，2017（4）：
26-33.

［102］胡毅.对内城住区更新中参与主体生产关系转变的透视——基于空间
生产理论的视角 [J].城市规划学刊，2013（5）：100-105.

［103］黄平，莫少群.迈向和谐：当代中国人生活方式的反思与重构 [M].天
津：天津科学技术出版社，2004.

［104］黄宗仪.都市空间的生产：全球化的上海 [J].台湾社会研究季刊，
2004（53）：61-83.

［105］纪凤仪，周尚意．三元空间辩证法视域下的职住空间关系——以北京城市规划为例 [J]．天津师范大学学报（自然科学版），2019，39（5）：7-15.

［106］贾耀锋．中国生态移民效益评估研究综述 [J]．资源科学，2016，38（8）：50-60.

［107］卡尔·波兰尼．大转型：我们时代的经济与政治起源 [M]．冯钢，刘阳，译．杭州：浙江人民出版社，2007.

［108］康雷，张文忠，谌丽，等．北京市低收入社区社会融合的多维度测度与影响因素分析 [J]．人文地理，2019，34（3）：22-29.

［109］克里斯蒂安·施密特，杨舢．迈向三维辩证法——列斐伏尔的空间生产理论 [J]．国际城市规划，2021，36（3）：5-13.

［110］兰竹虹，张士斌，严予若．社区人文社会环境对汶川地震移民社会适应的影响——以北川县为例 [J]．人文地理，2017，32（4）：22-29.

［111］李诚固．物质空间与社会空间耦合——城市空间结构研究的新视角：中国地理学会百年庆典 [C]．北京，2009.

［112］李东泉．新型城镇化进程中社区治理促进市民化目标实现的条件、机制与路径 [J]．同济大学学报（社会科学版），2021，32（3）：82-91.

［113］李海波，陈政，欧沙．县域城镇化与人口回流耦合关系研究——基于湖南省 88 个县（市）数据的分析 [J]．经济地理，2019，39（11）：25-32.

［114］李静，李雪铭，刘自强．基于城市化发展体系的城市生态环境评价与分析 [J]．中国人口·资源与环境，2009，19（1）：156-161.

［115］李静，李雪铭．大连市城市化与城市生态环境发展协调性评价与分析 [J]．现代城市研究，2008（2）：29-35.

［116］李静．大城市低收入人口空间分布和聚居形态研究 [D]．辽宁师范大学硕士学位论文，2009.

［117］李竣，黄雨，何安华，等．易地扶贫搬迁农村集中安置区后续社会融入的经验与思考 [J]．当代农村财经，2021（3）：31-34.

[118] 李兰芬. 论城市空间生产的"意义"问题 [J]. 社会科学辑刊, 2011 (6): 5-9.

[119] 李培林. 新冠疫情背景下的基层社区治理 [J]. 社会治理, 2020 (12): 11.

[120] 李文钢. 后搬迁时代易地扶贫搬迁社区内部碎片化的表现形式与原因分析——以贵州 F 社区为例 [J]. 求实, 2022 (4): 69-81.

[121] 李霞, 文琦, 朱志玲. 基于年龄层次的宁夏生态移民社会适应性研究 [J]. 干旱区资源与环境, 2017, 31 (5): 26-32.

[122] 李鑫远, 敏雷, 郗家祺, 等. 生态移民福祉影响因素研究——基于陕西省蓝田县农村抽样调研 [J]. 地理科学, 2018, 37 (6): 1127-1141.

[123] 李雪铭, 郭玉洁, 田深圳, 等. 辽宁省城市人居环境系统耦合协调度时空格局演变及驱动力研究 [J]. 地理科学, 2019, 39 (8): 1208-1218.

[124] 理查德·C. 博克斯. 公民治理: 引领 21 世纪的美国社区 [M]. 孙柏瑛, 等译. 北京: 中国人民大学出版社, 2012.

[125] 列斐伏尔. 空间与政治 [M]. 李春, 译. 上海: 人民出版社, 2015.

[126] 刘怀玉. 现代性的平庸与神奇——列斐伏尔日常生活批判哲学的文本学解释 [M]. 北京: 中央编译出版社, 2006.

[127] 刘佳燕, 邓翔宇. 基于社会—空间生产的社区规划——新清河实验探索 [J]. 城市规划, 2016, 40 (11): 9-14.

[128] 刘昆. 空间生产机制下城市景观的拼贴 [J]. 人文地理, 2015, 30 (1): 50-55.

[129] 刘梦茹. 空间生产视角下业委会缺席社区治理研究 [J]. 管理观察, 2019 (24): 75-78.

[130] 刘珊, 吕拉昌, 黄茹, 等. 城市空间生产的嬗变——从空间生产到关系生产 [J]. 城市发展研究, 2013 (9): 42-47.

[131] 刘兴景. 过渡型社区治理的困境及主体分析 [J]. 学理论, 2015 (28): 120-121.

[132] 刘泳娜. 麦卡伦酒厂: 游客中心和生产空间完美结合的现代化艺术建

筑 [J]. 房地产导刊，2019（9）：62–65.

［133］刘云刚，王丰龙 . 城乡结合部的空间生产与黑色集群——广州 M 垃圾猪场的案例研究 [J]. 地理科学，2011（5）：563–569.

［134］刘云刚，周雯婷，黄徐璐，等 . 全球化背景下在华跨国移民社区的空间生产——广州远景路韩国人聚居区的案例研究 [J]. 地理科学，2017，37（7）：976–986.

［135］刘占勇 . 重塑"团结"：易地扶贫搬迁社区治理的理论与路径研究 [J]. 湖北民族大学学报（哲学社会科学版），2022，40（4）：93–100.

［136］罗蓉，许乾郎，王志凌 . 民族地区易地扶贫搬迁安置区文化冲突问题研究 [J]. 内蒙古科技与经济，2020（21）：15–16.

［137］罗筠 . 城市暗角的空间生产与社会管理——基于 Y 市 W 城乡结合部地沟油生产的空间视角 [J]. 中国行政管理，2012（10）：42–46.

［138］骆雪娇，王林玉 . 易地扶贫搬迁背景下新市民社会融入研究——基于黔西南布依族苗族自治州的分析 [J]. 贵阳市委党校学报，2020（6）：53–57.

［139］吕拉昌，魏也华，林初升 . 中国城市地理研究的若干问题：海外学者的观点 [J]. 人文地理，2006（2）：67–71.

［140］马丽娟，俞葵 . 失地农民安置社区物业自治管理研究——以银川市 Y 社区为例 [J]. 现代经济信息，2019（17）：468–470.

［141］马良灿，陈淇淇 . 易地扶贫搬迁移民社区的治理关系与优化 [J]. 云南大学学报（社会科学版），2019，18（3）：110–117.

［142］马维宗 . 宁夏兴盛村异地搬迁村民社会适应探究 [D]. 西北民族大学博士学位论文，2020.

［143］马雪莹 . 马克思主义空间生产理论视角下中国城镇化问题研究 [J]. 市场周刊，2019（5）：183–184.

［144］迈克·阿迪 . 后现代都市状况 [M]. 上海：上海教育出版社，2004.

［145］毛齐婧 . 回迁安置类社区治理困境及其化解策略研究 [D]. 湘潭大学博士学位论文，2021.

［146］苗长虹，魏也华，吕拉昌．新经济地理学 [M]．北京：科学出版社，
　　　　2011．

［147］潘艳艳．城中村回迁安置社区：结构属性、治理困境及发展路径 [J]．
　　　　三晋基层治理，2020（1）：69–74．

［148］潘泽泉．当代社会学理论的社会空间转向 [J]．江苏社会科学，2009
　　　　（1）：7．

［149］渠章才．嵌入式社区人的社会融入问题及对策——以湛江嵌入式社区
　　　　人为例 [J]．内蒙古电大学刊，2018（5）：98–100．

［150］饶常林．府际协同的模式及其选择——基于市场、网络、科层三分法
　　　　的分析 [J]．中国行政管理，2015（6）：62–67．

［151］任园园．农民安置社区文化建设探析 [J]．沈阳工程学院学报（社会科
　　　　学版），2014，10（2）：186–188．

［152］任远，邬民乐．城市流动人口的社会融合：文献述评 [J]．人口研究，
　　　　2006（3）：87–94．

［153］申云，贾晋，洪程程，等．安置区空间重构对农户社区融入的影响及
　　　　其效应 [J]．中国人口·资源与环境，2022，32（5）：176–188．

［154］施庆利．福柯"空间理论"渊源与影响研究 [D]．山东大学硕士学位论
　　　　文，2010．

［155］石瑞．宁夏银川市生态移民适应性问题研究 [D]．宁夏大学博士学位论
　　　　文，2019．

［156］石伟．城市安置社区的吸附性治理及其治理成效——基于苏州市 GT
　　　　社区的田野经验 [J]．天津行政学院学报，2020，22（3）：70–78．

［157］史诗悦．易地扶贫搬迁社区的空间生产、置换与社会整合——基于宁
　　　　夏固原团结村的田野调查 [J]．湖北民族大学学报（哲学社会科学版），
　　　　2021，39（1）：98–108．

［158］斯戴法·勒格朗，陈元，黄绍华．被福柯忽略的马克思主义 [J]．现代
　　　　哲学，2007（4）：35–42．

［159］宋辉.新型城镇化推进中城市拆迁安置社区治理体系重构研究 [J]. 中国软科学，2019（1）：62–71.

［160］宋伟轩，朱喜钢，吴启焰.城市滨水空间生产的效益与公平——以南京为例 [J]. 国际城市规划，2009（6）：66–71.

［161］宋永永，米文宝，杨丽娜，等.宁夏农业生态环境与经济耦合协调演化研究 [J]. 南方农业学报，2015，46（5）：922–928.

［162］苏静，孙九霞.民族旅游社区空间想象建构及空间生产——以黔东南岜沙社区为例 [J]. 旅游科学，2018，32（2）：54–65.

［163］苏楠，罗中枢.国内行政管理研究的知识图谱与热点主题——基于文献计量学的实证研究 [J]. 经济体制改革，2013（4）：25–29.

［164］孙婷婷.福柯空间化的历史观和历史化的空间观 [D]. 兰州大学硕士学位论文，2008.

［165］孙永胜，佟连军.吉林省限制开发区域资源环境承载力综合评价 [J]. 自然资源学报，2021，36（3）：34–45.

［166］邰秀军，芦利广，鑫杨，等.沙化区生态移民的沙化感知、社会影响和适应性策略 [J]. 中国人口·资源与环境，2020，30（3）：168–171.

［167］唐寄翁，陈筠婷，徐建刚，卢一沙，李漱洋.空间生产理论视角下的城市设计方法研究——以桂平市三街六巷为例 [J]. 现代城市研究，2019（8）：58–65.

［168］唐小凤.快速推动新型城镇化过程中失地农民生活满意度研究——以重庆市巴南区为例 [J]. 经济研究导刊，2015（26）：73–74.

［169］唐云锋，刘涛，徐小溪.公共场域重构、社区归属感与被征地农民城市融入 [J]. 中国农业大学学报（社会科学版），2019，36（4）：78–85.

［170］佟伟铭，张平宇，何欢.基于社区理论大城市郊区化过程中失地农民社区的城镇化问题分析——以长春市兴华园社区为例 [J]. 地理科学，2019，39（10）：1537–1545.

［171］托马斯·莱姆克，Marc Chemali，陈元.不带引号的马克思——福柯、

规治和新自由主义的批判 [J]. 现代哲学，2007（4）：28–34.

［172］王佃利，王玉龙."空间生产"视角下邻避现象的包容性治理 [J]. 行政论坛，2018，25（4）：85–91.

［173］王丰龙，刘云刚. 空间的生产研究综述与展望 [J]. 人文地理，2011（2）：13–19，30.

［174］王丰龙，刘云刚. 空间生产再考：从哈维到福柯 [J]. 地理科学，2013，33（11）：1293–1301.

［175］王劲峰，徐成东. 地理探测器：原理与展望 [J]. 地理学报，2017，72（1）：116–134.

［176］王圣云. 空间理论解读：基于人文地理学的透视 [J]. 人文地理，2011（1）：5–18.

［177］王素萍. 对"空间生产"的中国本土化思考 [J]. 哈尔滨工业大学学报（社会科学版），2013（2）：108–112.

［178］王文略，管睿，加贺爪优，等. 陕西南部生态移民减贫效应研究 [J]. 资源科学，2018，40（8）：72–82.

［179］王晓莹，刘林平. 黏合性社会资本与新生代农民工的城市归属感 [J]. 云南大学学报（社会科学版），2020，19（3）：78–86.

［180］王兴中，刘永刚. 人文地理学研究方法论的进展与"文化转向"以来的流派 [J]. 人文地理，2007（3）：1-6+11.

［181］王雅林. 生活方式概论 [M]. 哈尔滨：黑龙江人民出版社，1989.

［182］王亚娟，孔福星，刘小鹏，等. 中国生态移民村社会空间的生产分析——以宁夏固原市典型生态移民村为例 [J]. 经济地理，2020，40（11）：158–166.

［183］王玉娟，杨山，吴连霞. 多元主体视角下城市人居环境需求异质性研究——以昆山经济技术开发区为例 [J]. 地理科学，2018，38（7）：1156–1164.

［184］王苑，邓峰. 历史街区更新中的社会结构变迁与空间生产——以苏州

山塘历史街区为例 [J]. 现代城市研究，2009（11）：60-64.

［185］王志弘 . 多重的辩证：列斐伏尔空间生产概念三元组演绎与引申 [J]. 地理学报，2009（55）：1-24.

［186］吴冲，朱海霞，向远林，李文龙 . 保护性利用影响下的大遗址周边地区社会空间演变——基于空间生产视角 [J]. 人文地理，2019，34（1）：106-114.

［187］吴宁 . 日常生活批判——列斐伏尔哲学思想研究 [M]. 北京：人民出版社，2007.

［188］吴蓉，黄旭，刘晔，等 . 地方依恋对城市居民社区参与的影响研究——以广州为例 [J]. 地理科学，2019，39（5）：34-41.

［189］吴英玲，尹鹏，周丽君，等 . 中国省域旅游产业与人居环境耦合关系及其障碍因子研究 [J]. 生态经济，2019，35（2）：155-159.

［190］郗戈 . 资本、权力与现代性：马克思与福柯的思想对话 [J]. 哲学动态，2010（12）：13-20.

［191］夏贵芳，朱宇，林李月，等 . 东部三大经济区城市流动人口的多维度社会融入及其地区差异 [J]. 地理科学进展，2018，37（3）：373-384.

［192］夏永久，朱喜钢 . 城市被动式动迁居民社区满意度评价研究——以南京为例 [J]. 地理科学，2013，33（8）：918-925.

［193］夏铸九 . 空间的文化形式与社会理论读本 [M]. 台北：明文书局，1988.

［194］向德平，章友德 . 城市社会学 [M]. 北京：高等教育出版社，2005.

［195］肖铭，徐小雨 . 微观权力视角下旧城改造困境的对比研究——以广州恩宁路和成都曹家巷为例 [J]. 规划师，2021，37（2）：56-61.

［196］肖子华，徐水源，刘金伟 . 中国城市流动人口社会融合评估——以 50个主要人口流入地城市为对象 [J]. 人口研究，2019，43（5）：96-112.

［197］谢治菊 . 人类认知五层级与生态移民社会适应探讨——基于 HP 村的实证调查 [J]. 吉首大学学报（社会科学版），2018，39（3）：99-107.

［198］徐洁 . 动迁安置社区管理研究——以上海嘉定马陆为例 [D]. 西北农林

科技大学硕士学位论文，2016.

[199] 徐永祥.社会发展论 [M].上海：华东理工大学出版社，2000.

[200] 许芳.中国区域 R&D 综合实力评价方法的比较 [J].统计与决策，2015（11）：94-95.

[201] 许慧，肖大威.快速城市化阶段城镇空间演变机制研究——以深圳茅洲河流域为例 [J].华中建筑，2013（3）：81-84.

[202] 严若谷，周素红，闫小培.城市更新之研究 [J].地理科学进展，2011（8）：947-955.

[203] 杨高，周春山.深圳不同类型农民工聚居区的社会融合及影响因素 [J].地理研究，2019，38（2）：297-312.

[204] 杨高，周春山.中国农民工"同乡村"研究：空间生产与社会融合——以深圳"四川村"为例 [J].地理科学，2019，39（10）：1570-1580.

[205] 杨菁，陈雨.拆迁安置社区权力、资本与行动的空间生产逻辑——基于成都市 S 社区的个案研究 [J].中国行政管理，2020（11）：67-75.

[206] 杨菊华.中国流动人口的社会融入研究 [J].中国社会科学，2015（2）：61-79.

[207] 杨琴，田银华，童乙伦.社区参与促进世界自然遗产地开发保护的作用机制——湖南崀山案例 [J].经济地理，2020，40（2）：233-240.

[208] 杨宇振.一公里城市：日常生活、危机与空间生产 [J].城乡建设，2022（10）：79.

[209] 杨振山，王玉璇.开发区流动人口生计资本测量及生计空间特征分析——以广州南沙新区为例 [J].地理研究，2018，37（11）：2153-2164.

[210] 叶超，柴彦威，张小林."空间的生产"理论、研究进展及其对中国城市研究的启示 [J].经济地理，2011（3）：409-413.

[211] 叶敏.城乡混合的双重管理：农民安置社区的治理之道——基于沪郊嘉定区的经验探讨 [J].华东理工大学学报（社会科学版），2020，35（5）：37-49.

[212] 殷洁，罗小龙，肖菲 . 国家级新区的空间生产与治理尺度建构 [J]. 人文地理，2018，33（3）：89-96.

[213] 于英 . 城市空间形态维度的复杂循环研究 [D] . 哈尔滨工业大学硕士学位论文，2009.

[214] 曾屿恬，塔娜 . 社区建成环境、社会环境与郊区居民非工作活动参与的关系——以上海市为例 [J]. 城市发展研究，2019，26（9）：9-16.

[215] 张国琴 . 乡村空间变迁与价值重塑——基于消费空间生产的旅游生态区视角 [J]. 创意城市学刊，2019（3）：45-54.

[216] 张海娜，朱贻文，邓晓翔 . 快速城镇化背景下居住空间分异与失地农民社会融合的作用机制研究——以长三角地区为例 [J]. 地理科学进展，2021，40（1）：135-146.

[217] 张京祥，胡毅，孙东琪 . 空间生产视角下的城中村物质空间与社会变迁——南京市江东村的实证研究 [J]. 人文地理，2014（2）：1-6.

[218] 张晶晶，王平 . 列斐伏尔空间“三元辩证法”理论探析 [J]. 广东第二师范学院学报，2021，41（1）：78-88.

[219] 张磊，伏绍宏 . 移民再嵌入与后扶贫时代搬迁社区治理 [J]. 农村经济，2021（9）：17-25.

[220] 张诗博 . 空间生产理论视野下大学图书馆空间研究范式的转换 [J]. 新世纪图书馆，2019（8）：20-24.

[221] 张淑敏，张宝雷 . 快速城市化地区城市地域扩展的效益评价——以济南市为例 [J]. 经济与管理评论，2013（6）：7，156-160.

[222] 张衔春，唐承辉，岳文泽 . 地域重构视角下区域空间生产与治理——以深汕特别合作区为例 [J]. 地理科学，2022，42（3）：373-380.

[223] 张新民 . 易地扶贫搬迁后续发展案例调查——关于银川市金凤区丰登镇润丰村后续发展的思考 [J]. 中国经贸导刊，2021（1）：42-44.

[224] 张延吉，秦波，唐杰 . 城市建成环境对居住安全感的影响——基于全国 278 个城市社区的实证分析 [J]. 地理科学，2017，37（9）：18-25.

［225］张振，杨建科.城市社区的空间关系异化：生成机理与治理机制——基于空间生产视角的分析 [J].学习与实践，2017（11）：82-88.

［226］张之沧.从知识权力到权力知识 [J].学术研究，2005（12）：14-20.

［227］张之沧.福柯的微观权力分析 [J].福建论坛（人文社会科学版），2005（5）：45-50.

［228］赵多平，赵伟佚，撒小龙，曹兰州，田伟荣.宁夏生态移民社区生活空间融合与重构的影响因素及机理——以宁夏闽宁镇为例 [J].自然资源学报，2022，37（1）：121-134.

［229］赵聚军，齐媛.我国国际社区治理中的外籍居民参与——基于京津三个国际社区的观察 [J].南开学报（哲学社会科学版），2020（3）：27-36.

［230］赵群毅，杨春志.生产空间的"再生产"：城市拉大框架后的讨论 [J].城市发展研究，2020，27（11）：31-37.

［231］郑娜娜，许佳君.易地搬迁移民社区的空间再造与社会融入——基于陕西省西乡县的田野考察 [J].南京农业大学学报（社会科学版），2019，19（1）：58-68.

［232］郑震.空间：一个社会学的概念 [J].社会学研究，2010，25（5）：167-191.

［233］钟炜菁，王德，张敏.基于参与主体的拆迁农民集中安置社区的空间生产研究——以镇江新区平昌新城为例 [J].现代城市研究，2016（11）：77-85.

［234］周春山，叶昌东.中国特大城市空间增长特征及其原因分析 [J].地理学报，2013（6）：728-738.

［235］周恩宇，卯丹.易地扶贫搬迁的实践及其后果——一项社会文化转型视角的分析 [J].中国农业大学学报（社会科学版），2017，34（2）：69-77.

［236］周婕，魏伟，张轲.三江源地区人地关系研究综述——基于人、事、时、空视角 [J].地球科学进展，2020，35（1）：26-35.

［237］朱晓翔，乔家君 . 乡村旅游社区可持续发展研究——基于空间生产理论三元辩证法视角的分析 [J]. 经济地理，2020，40（8）：153–164.

［238］朱学倩 . 新型城镇化背景下拆迁安置型社区管理研究 [D]. 西北农林科技大学硕士学位论文，2015.

［239］庄良，叶超，马卫，等 . 中国城镇化进程中新区的空间生产及其演化逻辑 [J]. 地理学报，2019，74（8）：48–62.

［240］庄友刚，顾晓 . 两种空间生产与当代中国城市建构问题 [J]. 常熟理工学院学报，2011（11）：1–7.

［241］庄友刚 . 何谓空间生产？——关于空间生产问题的历史唯物主义分析 [J]. 南京社会科学，2012（5）：36–42.

附录1 调查问卷

宁夏易地扶贫搬迁移民安置社区调查问卷

尊敬的居民朋友：

您好，我是北方民族大学的学生。为了研究易地扶贫搬迁后居民的适应性及社会融入路径方式而设计了此问卷。本调查不记名，仅用于科学研究，答案没有对错好坏之分，不会对您本人和您所在社区产生任何不良影响，请放心填写。请在合适的选项题号上打"√"，如未特别说明均为单选题。希望我们的工作能得到您的支持，谢谢！

注：易地扶贫是指将生活在缺乏生存条件地区的贫困人口搬迁安置到其他地区，并通过改善安置区的生产生活条件、调整经济结构和拓展增收渠道，帮助搬迁人口逐步脱贫致富。

一、基本情况

1. 您的性别是_____。 A. 男　B. 女

2. 您搬来居住了_____年。

3. 您的年龄是_____。

A. 18 岁以下　　　　　B. 19~30 岁　　　　　C. 31~45 岁

D. 46~59 岁　　　　　E. 60 岁及以上

4. 您的民族是_____。

A. 回族　　　　　B. 汉族　　　　　C. 其他民族（请填写）_____族

5. 您的婚姻状况是_____。

A. 未婚　　　　　B. 已婚　　　　　C. 离异　　　　　D. 丧偶

6. 您的文化程度是_____。

A. 小学及以下　　　　B. 初中　　　　　C. 高中或中专

D. 大专　　　　　　　E. 大学本科　　　　F. 研究生及以上

7. 您现在的户籍性质是_____。

A. 农村居民家庭户　　　　　　B. 非农村居民集体户

C. 城镇居民家庭户　　　　　　D. 城镇居民集体户

8. 您的家庭年收入是_____。

A. 5000 元以下　　　　B. 5001~10000 元　　　C. 10001~20000 元

D. 20001~40000 元　　　E. 40001 元以上

二、生计适应情况

9. 您现在的生计方式为何？

A. 非农型

B. 兼农 1 型（以农为主，以工为副）

C. 兼农 2 型（以农为副，以工为主）

D. 纯农型

E. 在家待业

10. 您对目前的谋生方式适应如何？

A. 非常适应　　　　B. 适应　　　　　C. 基本适应

D. 不太适应　　　　E. 很不适应

11. 您家庭生活开支负担情况如何？

A. 完全可以负担　　　B. 可以负担　　　C. 基本可以

D. 有点困难　　　　　E. 困难很大

12. 您对按时上下班、固定作息时间的工作方式适应如何？

A. 非常适应   B. 适应   C. 基本适应

D. 不太适应   E. 很不适应

三、生活方式适应情况

13. 您对搬迁安置地的自然环境（气候等）适应情况如何？

A. 非常适应   B. 适应   C. 基本适应

D. 不太适应   E. 很不适应

14. 您对搬迁以后安置区里城市化的生活方式适应如何？

A. 非常适应   B. 适应   C. 基本适应

D. 不太适应   E. 很不适应

15. 您习惯安置区内的居住环境/条件（单元楼、没有庭院）吗？

A. 非常习惯   B. 习惯   C. 基本习惯

D. 不太习惯   E. 很不习惯

16. 您对搬迁以后安置区里的生活状态总体满意吗？

A. 非常满意   B. 满意   C. 基本满意

D. 不太满意   E. 很不满意

四、社会关系适应情况

17. 你对安置社区内居民间的邻里关系满意吗？

A. 非常满意   B. 满意   C. 基本满意

D. 不太满意   E. 很不满意

18. 您和邻居交往密切吗？

A. 非常密切   B. 密切   C. 基本密切

D. 不太密切   E. 很不密切

19. 您关心安置社区的发展吗?

A. 非常关心　　　　　　B. 关心　　　　　　C. 一般

D. 不太关心　　　　　　E. 很不关心

20. 您参与社区服务与管理的意愿如何?

A. 非常愿意　　　　　　B. 愿意　　　　　　C. 一般

D. 不太愿意　　　　　　E. 很不愿意

五、社会融入

21. 您认为安置地本地居民对安置区移民态度如何?

A. 非常友好　　　　　　B. 友好　　　　　　C. 一般

D. 不太友好　　　　　　E. 很不友好

22. 您个人融入安置地社会的意愿如何?

A. 非常愿意　　　　　　B. 愿意　　　　　　C. 一般

D. 不太愿意　　　　　　E. 很不愿意

23. 您和安置区当地居民平常接触得多吗?

A. 非常多　　　　　　　B. 比较多　　　　　　C. 一般

D. 不太多　　　　　　　E. 从不接触

24. 您对搬迁以后未来的个人生活发展态度如何?

A. 充满信心　　　　　　B. 比较乐观　　　　　　C. 不知道，没想过

D. 有些担忧　　　　　　E. 非常忧虑

25. 您觉得自己现在安置地的生活状态和搬迁以前相比情况如何?

A. 非常好　　　　　　　B. 好一些　　　　　　C. 差不多

D. 不太好　　　　　　　E. 搬迁以前好

26. 您认为政府在哪些方面可以帮助你们更好地融入安置地社会。（可多选，并按照重要程度从高到低进行排序）_____

    A. 社会保障   B. 子女教育   C. 就业帮扶

    D. 社区服务   E. 生活救济   F. 改善居住环境

    G. 返回原籍   H. 其他（请填写）_____

27. 您参与过以下哪种社区活动？_____

    A. 经常和小区里其他居民讨论有关社区的事情

    B. 积极参与社区组织的各种文化教育活动

    C. 愿意参与社区业主委员会或者社区干部的选举

    D. 关心您所居住社区的变化和事件

    E. 经常使用社区内的资源和设施

    F. 其他

北方民族大学管理学院

2021 年 4 月

附录2 访谈提纲

兴泾镇访谈

一、镇政府访谈

访谈背景：2020年10月，在宁夏召开的易地扶贫搬迁后续工作会议强调，要着力提升安置区配套基础设施和公共服务水平，全面开展易地扶贫搬迁"回头看"。要把促进搬迁群众完全融入安置区社会作为重要工作目标，落实属地管理责任，提供一体化均等化服务保障，推动新老居民融合交往。

访谈主题：自治区政府在贯彻落实这次会议精神方面有哪些具体举措，兴泾镇这项工作是如何推动的。

二、安置区群众访谈

访谈主题：安置区居民是否感受到了政府部门所采取的相关帮助、相关举措，以及对融入安置区社会的具体期望和愿景如何？

三、安置区工作人员访谈

访谈对象：安置社区村委会／居委会工作人员。
访谈内容：安置后续帮扶工作措施的推进情况如何。